制造业企业服务创新过程及政策研究

曲 婉 著

科学技术文献出版社
SCIENTIFIC AND TECHNICAL DOCUMENTATION PRESS
·北京·

图书在版编目（CIP）数据

制造业企业服务创新过程及政策研究 / 曲婉著. —北京：科学技术文献出版社，2021.9

ISBN 978-7-5189-8442-8

Ⅰ.①制… Ⅱ.①曲… Ⅲ.①制造工业—工业企业管理—企业创新—研究—中国 Ⅳ.① F426.4

中国版本图书馆 CIP 数据核字（2021）第 194519 号

制造业企业服务创新过程及政策研究

策划编辑：郝迎聪　　责任编辑：王　培　　责任校对：文　浩　　责任出版：张志平

出　版　者	科学技术文献出版社	
地　　　址	北京市复兴路15号　　邮编　100038	
编　务　部	（010）58882938，58882087（传真）	
发　行　部	（010）58882868，58882870（传真）	
邮　购　部	（010）58882873	
官 方 网 址	www.stdp.com.cn	
发　行　者	科学技术文献出版社发行　全国各地新华书店经销	
印　刷　者	北京虎彩文化传播有限公司	
版　　　次	2021 年 9 月第 1 版　2021 年 9 月第 1 次印刷	
开　　　本	710×1000　1/16	
字　　　数	183千	
印　　　张	11.75	
书　　　号	ISBN 978-7-5189-8442-8	
定　　　价	48.00元	

目 录

图目录

表目录

第一章
绪　论

1.1　问题的提出

当前，全球发展步入知识经济时代。以服务创新为重要内容，以工业化、信息化和密集的知识技术为主要特征的知识经济日益兴起并迅速发展，成为当前经济增长的主要形式。信息技术、通信技术、生物技术等新兴技术快速发展并得到广泛应用，带来经济社会结构的深入调整。一方面，知识与经济互相渗透，服务创新活动大量出现，信息通信等新技术快速发展并广泛渗透到其他领域，这不仅带来信息经济等新兴产业的蓬勃发展，也推动传统农业和加工制造业向知识技术密集型产业转变；另一方面，高附加值的服务活动逐渐向农业和制造业渗透，产业间的界限日益模糊，多学科、跨产业的创新活动不断涌现，制造业呈现服务化趋势以孕育新的商业模式，创造更多社会财富。

知识经济的概念，源于 20 世纪 60 年代彼得·德鲁克的著作《断层年代》[①]，书中第十二章围绕知识经济展开论述，极大地推动了"知识经济"概念的传播和广泛应用。知识经济强调知识、技术和无形资产，认为研究开发和创新活动是知识经济财富创造的主要途径。高技术产业和知识密集型服务业已成为当前知识经济的主要体现，服务创新活动则成为知识经济的重要活动。它们是当前先进生产力的代表，也是当前主要发达国家经济增长的核心驱动力。据统计，当前部分发达国家知识技术密集型产业在国民经济中所占比例较高，对本国经济的增长和就业发挥着巨大作用，如表 1-1 所示。

---

① PETER D. The age of discontinuity：guidelines to our changing society[M]. New York：Harper and Row，1969.

表 1-1　部分国家知识技术密集型产业占 GDP 比重（2010—2018 年）

国家	2010 年	2011 年	2012 年	2013 年	2014 年	2015 年	2016 年	2017 年	2018 年
美国	10.2%	10.3%	10.2%	10.4%	10.3%	10.5%	10.7%	10.8%	11.2%
日本	13.9%	13.3%	13.6%	13.4%	13.8%	14.5%	14.4%	13.8%	14.2%
德国	14.9%	15.6%	15.6%	15.6%	16.1%	16.3%	16.2%	15.8%	16.0%
法国	8.0%	7.9%	8.0%	8.1%	8.2%	8.3%	8.5%	8.5%	8.5%
英国	7.1%	7.2%	7.1%	7.1%	7.1%	7.1%	7.4%	7.3%	7.4%
中国	15.3%	15.0%	14.9%	15.0%	15.0%	14.9%	15.1%	15.5%	15.7%

资料来源：NSF Science & Engineering Indicators 2020[EB/OL]. [2020-08-08]. https://www. nsf. gov/nsb/news/news_summ.jsp?cntn_id=299268&org=NSB.

科学技术的发展进步和知识经济在全世界的兴起与繁荣，导致服务创新活动大量涌现，新兴产业相继出现，传统中低技术制造业也向知识技术密集型产业靠拢。越来越多的服务创新活动被引入制造业，以提高劳动生产率，增加产品功能特性，促进销售等。传统的资源密集型增长模式被知识技术密集型增长模式替代，行业生产率和产品附加值不断提高，新的商业模式和行业解决方案已成为制造业企业的新兴经济增长点。作为商业模式源泉的服务创新活动，已经广泛存在于国民经济活动中，在社会财富的增加、促进就业及提高人民生活水平等方面做出了重要贡献。

服务创新活动大量涌现并延伸到农业、制造业等其他行业部门，为经济发展和社会进步做出了巨大贡献。由于多学科、跨领域技术产品推陈出新，知识密集型服务业迅速发展，使得服务创新活动快速向制造业渗透，传统制造业的知识技术密集程度不断加深，服务创新活动带来的新商业模式不断涌现，服务创新已经成为社会重要的创新活动类型，产业界限逐渐模糊，制造业和服务业融合趋势显著。例如，早在 2002 年，部分发达国家诸如法国、英国、西班牙、德国、比利时及荷兰，制造业中相关服务业人员占制造业从业人员总数的比例就高达 40% 以上，如图 1-1 所示。第四次欧共体创新调查（the fourth community innovation survey[①]）结果显示（Tether et al.，2007），服务创新活动广泛存在于服务业以外的其他行业中，如制造业、建筑业和农业。其中，工

---

① 欧共体创新调查于 1993 年在欧美成员国和挪威冰岛间开展，通过文件调查的方式，获取欧洲企业间的创新活动相关信息，到目前已完成五次大规模调研。

程制造业中开展服务创新活动的企业占创新企业总数的近 40%，约 25% 的企业同时开展产品创新和服务创新活动。在非工程制造行业，企业进行服务创新活动的比例与工程制造业比例相似，但同时开展产品创新和服务创新的企业比例略少于工程制造业，如图 1-2 所示。

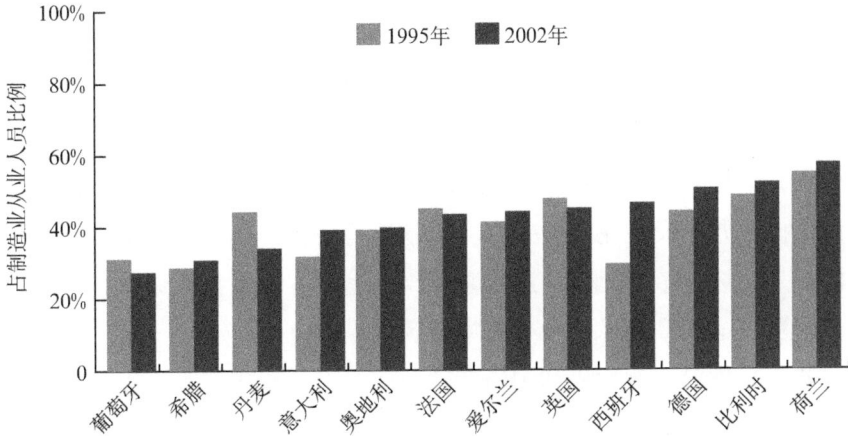

图 1-1 制造业中服务业人员占制造业从业人员总数的比例

（资料来源：PILAT D ， WÖLFL A. Measuring the interaction between manufacturing and services [EB/OL]. [2020-08-08]. http://dx.doi.org/10.1787/882376471514.）

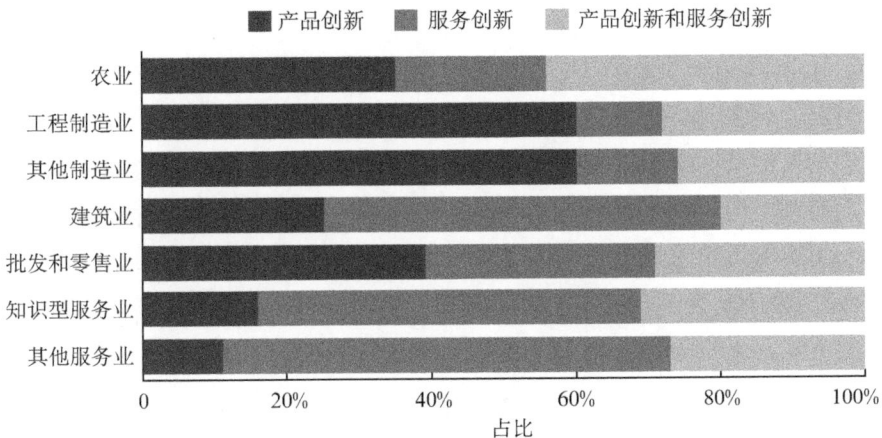

图 1-2 制造业中开展服务创新活动的企业占创新企业总数的比例

（资料来源：TETHER B，HOWELLS J，GALLOUJF，et al. Innovation in services：issues at stake and trends[R/OL]. [2020-08-08]. https://ideas.repec. org/p/hal/wpaper/halshs-01113600.html.）

制造业是我国国民经济的支柱产业，我国研究开发投入和科技人员等关键创新资源主要集中在制造业。例如，我国研究开发经费支出和研究开发人员主要集中在制造业，尤其是大中型工业企业。2018年，我国企业研究开发经费支出为15 233.7亿元，其中85%以上的经费支出来自规上工业企业。同年，我国企业研究开发人员全时当量为490.3万人年，其中86.7%来自规上工业企业。由此可见，我国自主创新能力和国际竞争力的提升，仍然主要依靠我国制造业创新能力和竞争力的迅速提高。

然而，我国制造业仍以传统劳动密集型产业为主，产品多为大规模同质产品，市场份额偏小，利润相对较低。我国高技术产业如电子及通信设备制造业、电子计算机及办公设备制造业等自主创新能力较弱，创新动力不足，当前主要盈利模式是将进口核心元器件进行整机组装生产，研发投入偏低，产品利润率极低，与发达国家高技术产业有着本质区别。

此外，受世界金融危机和国内劳动力成本上升双重压力，以及资源、环境等因素严重制约，我国以出口加工为主的外向型经济发展放缓，产品出口疲软、内需不足，资源、人口和环境问题日益突出，资本和廉价劳动力驱动的增长模式遇到前所未有的挑战。突破资源、人口、环境等因素制约，促进产业升级和机构调整，转变增长方式，节能减排，推动社会经济持续快速健康发展，切实提高人民生活水平，已成为我国制造业当前面临的首要问题。我国亟须从制造业大国向制造业强国转变，改变当前粗放型经济增长模式，切实走新型工业化道路，促进制造业产业升级优化，建设资源能源节约型、环境友好型社会。

当前，越来越多的制造业企业认识到服务创新的重要作用，在企业大量开展服务创新活动，寻求在知识经济和金融危机背景下，如何通过引入新的商业模式和盈利手段，增加产品和服务附加值，优化产业结构，走绿色可持续发展道路。服务创新活动在制造业企业的引入，极大地丰富了企业产品功能，通过多样化、更为贴近市场的附加服务或服务和制造产品的有机整合，更好地满足客户需求并创造较高的新增价值。服务创新活动影响并改变了制造业企业的生产经营模式，从主要依靠制造产品、创造新增价值赚取利润，到通过提供高附加值的新服务或产品与服务的集合，以获得高额利润的盈利模式上来。此外，服务创新现在已经成为制造业产业升级代换、转变经济增长模式、开展服务转型的主要驱动力。部分服务创新活动带来的高额创新利润，还导致市场上出现大量模仿者，极大地推动了服务创新成果的广泛应用，逐渐催生出新的产业，同时带来大量就业岗位。

在当前背景下，研究制造业企业的服务创新过程，具有重要的现实意义。本书旨在研究制造业企业服务创新过程和服务转型，提出促进制造业企业服务创新的政策建议，以期对我国当前面临严峻金融危机考验的制造业企业转型和产业结构调整、提升制造业企业服务创新能力等提供一定的理论依据和战略指导。通过对制造业企业服务创新活动深入研究探讨，能够深入了解制造业企业服务创新过程和机制，有效促进我国制造业企业服务创新能力的提升，对于我国提升自主创新能力，转变经济增长模式，走资源能源节约型、环境友好型、高附加值的经济发展道路，具有重要的战略意义。

1.2　研究现状

1.2.1　服务创新概念研究

有关服务创新的研究可以追溯到 1911 年熊彼特提出的创新概念。熊彼特在其巨著《经济发展理论》一书中提出，创新是一种"新的组合"①，既包括采用一种新的产品或新的生产方法等的创新，也包括开辟一个新的市场、获取或控制一个新的供应来源，以及实现任何一种新的组织形式等创新，其中也包括服务创新。然而，由于研究独特性及受传统创新范式的影响，服务创新研究直到 20 世纪七八十年代才引起学术界的广泛关注。国外针对服务创新的研究始于 20 世纪 70 年代末，迄今已有 40 多年历史，并以欧洲和北美洲的研究最为著名。国内在该领域的研究源于 20 世纪末，众多学者从翻译介绍国外研究成果开始，基于国外研究理论和行业背景，开展有关服务创新的理论和实证研究。

服务创新研究较为滞后，迄今为止服务创新定义还不明确，服务创新的内涵和外延还有待进一步研究。服务创新研究现面临两大难题，一是创新理论主要关注制造业的技术创新活动，二是服务活动的特殊性和结果的模糊性（Gallouj et al.，1997）。这些都为深入研究服务创新活动带来较大困难。然而，随着服务创新对于经济增长和扩大就业的重要作用日益凸显，学术界对于服务创新相关研究亦快速增长。创新和服务创新相关大规模问卷调查也在不同国家开展，

---

① 熊彼特. 经济发展理论 [M]. 北京：商务印书馆，1990.

旨在揭示服务创新活动的本质和规律，促进其更好地为经济发展和人民生活水平提高服务。

目前，部分学者试图从不同角度阐述服务创新的内涵和外延。但是，这些研究主要从经济部门分类角度出发，将服务创新活动看作服务业或服务部门发生的创新活动（Gadrey et al., 1995; Johan, 1998; Sundbo et al., 1998, 2000; Marion et al., 2007）。例如，Hertog 和 Bilderbeek（1999）将服务创新活动等同于服务行业的创新活动，并基于服务企业的功能和作用，将服务创新分为 5 种不同的类型。Hollanders（2008）也用基于行业分类的方法研究服务创新，他认为服务创新是服务企业的创新活动，这些企业在 NACE[①] 分类中的代码分布从 G 到 K。

这类研究的着眼点主要是服务行业中的创新活动（innovation in services），而不是服务创新（service innovation）。此外，一些声称研究服务创新活动而不是服务行业创新活动的文章，通常将服务创新活动与其他创新活动，如工艺创新或组织创新混同。例如，Vandermerwe 和 Rada（1998）提出一个新的概念来命名服务创新活动——"servitization"，这一概念被 Lightfoot（2008）沿用。他们认为服务创新活动是涉及组织能力和过程的一系列创新，从产品的销售转向产品 – 服务系统的销售，以创造更高价值。

也有部分学者关注与服务相关的创新活动，对服务创新概念的理解突破了产业领域分类的限制，较为科学合理。然而，这些研究没有具体明确服务创新的定义，或者对服务创新的定义过于简单或复杂，难以在现实生产生活中得到实际应用。例如，Tidd 和 Hull（2003）认为，服务创新是新的或有显著改善的服务概念或服务传递过程，采用新的或改进的方法将新增价值传递到消费者手中。Ark 等（2003）将服务创新定义为利用新的技术、人力资源或组织能力，产生新的或有显著改进的服务概念、客户接触渠道、服务传递系统、技术概念，或者它们的有机结合等，以实现（对企业来说）新的服务功能，并改变在市场销售中的服务或产品的结构或功能，这一概念被 OECD（2006）沿用并发展。Ian（2008）指出，服务创新并不局限于服务行业，并且市场上存在大量"混合创新（hybrid innovation）"，它们以服务和制造产品有机结合的形式出现。

---

① NACE 代码是欧洲产业分类代码。

芬兰国家技术局（Tekes）[①]认为，"服务创新是一项用于实践过程的新的或有显著改进的服务概念。服务创新可以是一个新的客户接触渠道、一个新的分销系统、一个新的技术概念，或为上述的有机结合……服务创新是基于特定技术或系统方法的新服务产品或服务过程。然而，对于服务来说，创新活动并不必须与技术新颖性联系在一起，这些创新活动通常存在于非技术领域。例如，服务创新可以是有关客户渠道的新解决方案、新分销方法、技术在服务过程中的新应用、新供应链运行模式，或者组织和管理服务活动的新方法。"Tekes对服务创新的定义较为明确，但该定义过于宽泛，与组织创新和工艺创新有较多重叠，需要对服务创新的内涵和外延进一步澄清。

1.2.2　服务创新分类研究

学术界对服务创新的分类，主要从企业角度开展。部分学者（Pavitt，1984；Soete et al.，1989；Hertog et al.，1999）基于企业在产业链中的位置，将服务创新分为供应商主导的创新、客户主导的创新等类型。部分学者或从企业内部、外部出发（Howells et al.，2004），或从服务的本质属性出发（Gallouj et al.，1997；Miles，1993，1995），或基于服务创新对象（Sundb et al.，1998）对服务创新进行分类。

Pavitt（1984）从企业在产业链中的位置出发，将制造业的创新分为供应商主导的创新、产品密集型/规模密集型创新，以及基于科学的创新。基于Pavitt对制造业创新模式的理解，Soete和Miozzo（1989）将企业分为知识密集型服务企业、基于网络的服务企业、规模密集型服务企业和供应商主导的服务企业，认为不同类型的企业有着不同类型的服务创新活动。知识密集型服务企业主要是与外部知识库有着密切联系的企业，这些企业与客户建立了紧密的关系。基于网络的服务企业主要是技术型企业，这些企业较多开展信息和通信技术活动。规模密集型服务企业，多数为产品已标准化的企业。而供应商主导的服务企业的服务创新活动，较多融入了企业的外部活动。Hertog和Bilderbeek（1999）从服务企业发挥的作用出发，将创新分为5种类型：供应

[①]　Tekes是芬兰研究和开发投资的主要国立机构，主要为工业项目和研究机构的项目提供资助。主旨在于通过技术手段提高芬兰工业和服务业的竞争力，其目的是为了使产业结构多样化，增加生产和出口，并为就业和社会福利提供坚实的基础。

商主导的创新、服务内部创新、客户主导的创新、服务过程创新和范式创新。

Howells 和 Tether（2004）认为，在对服务创新进行分类时，区分内部创新活动和外部创新活动更有意义。内部创新活动关注的是企业自身活动的开展，这些活动的出现导致成本缩减，并对服务的提供产生连带效应。外部创新活动关注的是企业与外界的互动，尤其是企业与客户的互动。因此，我们可以从服务变革或服务创造价值的角度来看待服务创新活动。然而，Hipp 和 Grupp（2005）通过对德国企业的实证研究发现，不同企业的创新模式有着显著差别，服务部门不能完全按照上述方法进行分类。这表明与制造业企业相比，服务业中的创新活动较少具有部门依赖性，因为每个类型的创新活动在每个服务部门中都有发现。

部分学者从服务自身特点和服务本质出发，对服务创新进行分类。Miles（1993，1995）从服务本身的特点，将服务创新分为产品创新、过程创新和传递创新。Gallouj 和 Weinstein（1997）将服务看作一系列特征和能力的集合，服务既有服务属性和技术属性，还涉及服务提供者的能力属性及客户的能力属性，如图 1-3 所示。在此基础上，Gallouj 和 Weinstein 将服务创新分

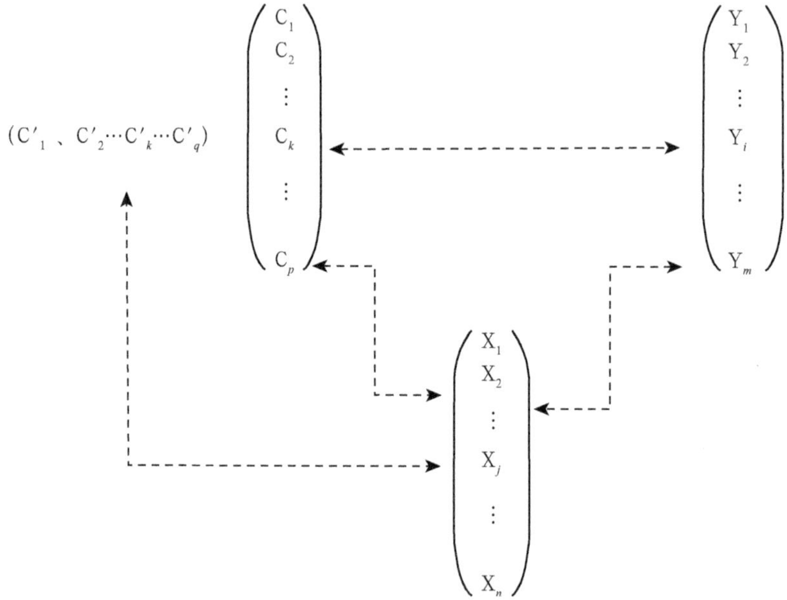

图 1-3 服务是各种属性的集合

X：技术属性；Y：服务属性（最终属性）；C：提供者能力属性；C′：客户能力属性。

（资料来源：GALLOUJ F，WEINSTEIN O. Innovation in services [J]. Research policy，1997，26（4-5）：537-556.）

为 6 种类型——突破性创新（radical innovation）、改良性创新（improvement innovation）、渐进性创新（incremental innovation）、定制创新（ad hoc innovation）、集成创新（recombinative innovation）和形式化创新（formalisation innovation）。

1.2.3　服务创新过程研究

当前学术界有关服务创新的过程研究，主要集中在对服务创新动力机制的探讨。部分学者提出技术推动的服务创新模式（Barras，1986，1990），认为技术变革推动服务创新不断发展演化；部分学者从服务创新内部影响因素和外部影响因素出发，对服务创新驱动力进行分析探讨（Sundbo et al.，1998）；部分学者从技术、客户等服务创新的不同维度出发，探讨服务创新模式（Bilderbeek et al.，1998）。目前，涉及服务创新活动的过程模型主要包括逆向产品生命周期模型、服务创新驱动力模型和服务创新四维度模型。然而，现有服务创新过程模型主要关注服务行业创新过程的重要影响因素的识别，较少涉及制造业企业开展服务创新的一般过程。

（1）逆向产品生命周期模型

部分研究认为，技术是推动服务行业创新的重要因素，技术推动服务行业的创新活动从量变到质变发展演化。Barras（1986，1990）通过信息通信技术在服务行业的应用研究，提出"逆向产品生命周期"理论。"逆向产品生命周期"包括 3 个阶段：应用新技术以提高现有服务传递效率的初始阶段，应用技术以改善服务质量的阶段，以及技术推动变革或新服务产生阶段。如图 1-4 所示。

在第一阶段，服务行业的技术采用者主要关注新技术的采用所导致的渐进性过程创新和现有服务传递模式的变革，以降低成本并提高效率。新技术的引入主要起节约劳动力成本的作用。当第一阶段中效率提升的目标实现后，"逆向产品生命周期"进入第二阶段。技术引发更为激进的过程创新，改善整个服务效率而不是仅改善服务传递效率（降低服务成本），服务质量得到明显提高。由于服务具有无形性特征，服务质量的提高与服务量的扩大对服务行业来说具有同样意义。因此，第二阶段可以看作"转型过渡时期"，处于服务传递效率改善和新服务产生的中间阶段。服务质量的提升有助于扩大市场，并促使服务提供者提供多样化的服务或对不同服务进行整合。在第三阶段，服务质量发生质变，新的服务由此产生。这一时期，服务产品创新取代过程创新占主导地位，竞争的焦点集中在差异化和产品性能上。新的行业和新的组织逐渐出现，现有组织也进行调整以便于新服务的提供。但是，Barras 的研究主要关注技术在服务行业创新活动中的驱动作用，忽视了其他因素在推动服务行业创新过程中发挥的重要作用，研究对象是服务行业创新过程，而不是服务创新过程。

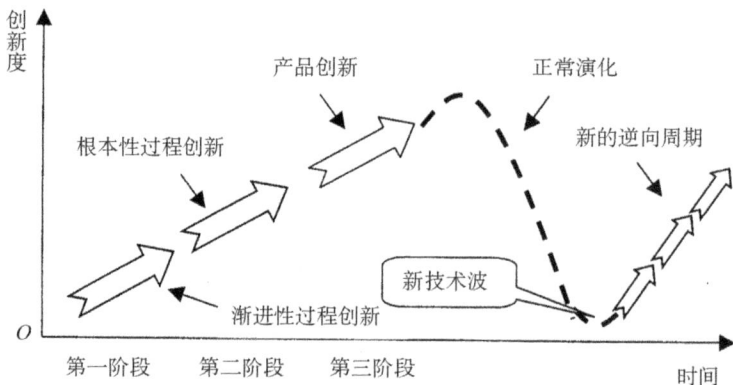

图 1-4　Barras 提出的"逆向产品生命周期"

（资料来源：蔺雷，吴贵生.服务创新 [M].2 版.北京：清华大学出版社，2007.）

（2）服务创新驱动力模型

基于 SI4S[①] 项目实证研究，Sundbo 和 Gallouj（1998）从企业层面识别出一系列影响服务创新的主要驱动力，主要归结为外部驱动力和内部驱动力两大类，并针对不同行业的企业给出具体的驱动力模型，如图 1-5 所示。内部驱动力包括企业的战略和管理、企业的员工及企业的研发部门。战略和管理作为内部的重要驱动力，不仅包括高层管理者，也包括市场营销部门。营销部门直接接触客户并拥有大量市场知识，能够将市场信号和客户需求迅速反馈给企业，激发创新活动在企业持续开展。企业员工结合自身积累的专业知识和经验，推

---

① SI4S 调查是一个跨国调查项目，旨在修正奥斯陆手册，1996—1997 年，通过电子邮件将标准化问卷在不同国家分发，收集国家、产业和企业层面的在创新目标、技术获取、研发活动、创新阻碍、创新成本和创新活动影响等方面的数据。调查对象包括批发零售、交通运输、电信、印刷、娱乐、邮政、餐饮住宿、旅游、金融、地产中介、商业服务、工程咨询、建筑、保健、急救、保卫、社会和社会服务、公共管理服务、清洁服务、贸易和支持服务等。

动企业创新活动的开展和成功实现。企业内部研发部门或服务业中的信息情报部门，也是企业创新的内部驱动力之一。这些部门能够确保创新活动的发生，或为企业员工和管理者提供创新性思维。

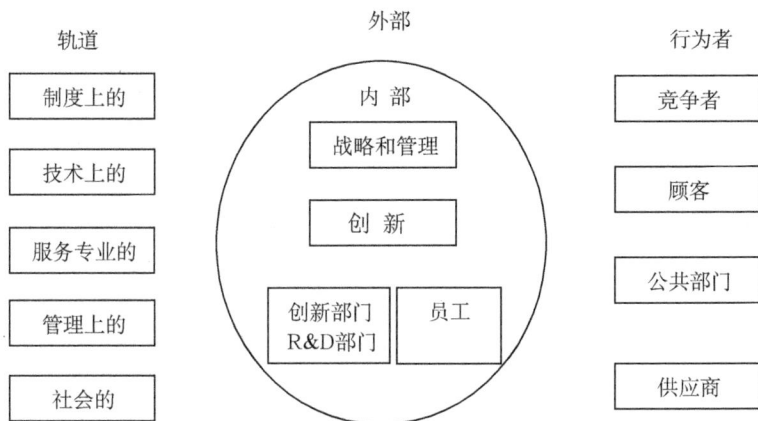

图 1-5 服务创新驱动力模型

（资料来源：SUNDBO J，GALLOUJ F. Innovation as a loosely coupled system in services，in Metcalfe，J.S. & I. Miles（eds.）Innovation systems in the service economy[M]. Boston：Kluwer Academic Publishers，2000.）

外部驱动力可以分为轨道和行为者两大类。轨道指在社会系统中（国家、国际网络或专业网络等）流动的思维和逻辑，通过大量不确定的行为者进行扩散和传播。轨道中最关键的因素不是行为者，而是行为者背后的新想法和逻辑。Sundbo 和 Gallouj 定义了 5 种类型的轨道。其中最重要的是服务专业轨道，即不同专业服务中的方法、通用知识和行为规范（如律师、护士和餐饮师领域）。然后是管理轨道，包括激励系统、业务流程重组、服务管理等。技术轨道，指能够影响生产过程和服务提供的新技术，如 ICT 尤其是互联网技术，以及引发餐饮业渠道创新的冷藏技术和微波技术。制度轨道描述了规章制度和政治体制的演化趋势，社会轨道则主要是指通用社会规范和习俗的演化。

行为者指那些对服务企业的服务提供和创新活动有重要影响的个人、企业和组织。行为者可以是市场上需求的提供方，也可以参与企业的部分创新活动。顾客是最重要的行为者，他们是市场需求信息的来源，并能够参与企业的创新过程。竞争者也是重要的行为者，由于服务创新战略的排他性较弱，服务创新活动容易引起其他竞争者的模仿，因此在一项服务创新活动中，竞争者通常会持续快速创新，从而为企业服务创新活动提供大量创新性思维。供应商尤其是知识密集型服务业供应商也是服务创新的重要源泉，在服务创新发展中扮演着推动者的作用。公共部门不仅是服务活动的客户，也为服务创新提供必须的研究和教育活动。此外，部分公共部门制定的规则有可能促进服务创新的产生，也有可能阻碍服务创新活动的开展。在此基础上，Sundbo 和 Gallouj 提出了不同服务行业的服务创新模型，如研发模型、服务专业化模型、组织战略创新模型、企业模型、工艺技能模型和网络模型。然而，服务创新驱动力模型的研究重点是影响不同服务行业创新活动的关键因素，并未对制造业企业服务创新活动的一般过程进行分析探讨。

（3）服务创新四维度模型

部分学者认为，服务创新很少局限于特定范畴，通常它与服务本身的特性、新的销售方式、新的客户销售界面及新的服务生产方式有着密切的联系。Bilderbeek 等（1998）从这些因素出发，提出了服务创新的四维度模型，如图1-6所示。服务创新的四维度模型通过对特定服务行业的分析，认为服务概念、客户、服务传递系统和技术等因素对服务行业创新过程起着重要作用。

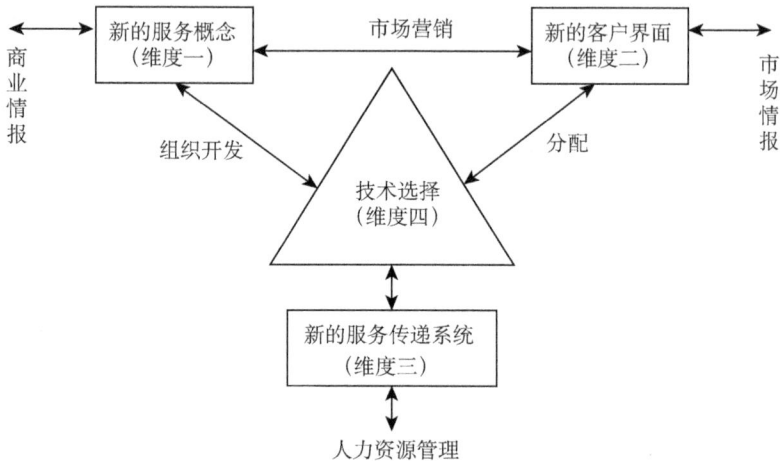

图1-6　服务创新的四维度模型

（资料来源：BILDERBEEK R，DEN H P，MARKLUND G，et al. Services in innovation：knowledge intensive business services（KIBS）as co-producers of innovation [R]. Thematic essay within the framework of the Research Programme Strategic Information Provision on Innovation and Services（SIID）for the Ministry of Economic Affairs，Directorate for General Technology Policy，1999.）

维度一：新的服务概念。在产品创新活动中，新的产品（包括工艺）通常是有形可见的，然而服务创新活动并不是这样。虽然有些服务是有形的（如ATM），但这些服务提供的并不是有形的物质产品，而是用于解决问题的新思维和新概念。如果这些概念已经用于其他市场，但对于另一特定市场来说，这一概念的应用仍然是新颖的，也可以认为是新的服务。实际上，这一维度的创新通常为"概念创新"。

维度二：新的客户界面。服务创新另一个重要维度是客户界面的设计。这些界面已经成为服务创新关注的焦点，尤其在服务生产方式中被加以强调。"服务生产（service production）"指服务生产工艺、服务产品和消费的供求关系。然而，在规模生产过程中，传递创新和其他有关供求及客户网络的创新活动通常被忽视。例如，修订版的奥斯陆手册就将其误认为是概念创新。

维度三：新的服务传递系统。新的服务传递系统指生产和传递产生新服务的组织，它侧重企业内部的组织安排，合理安排服务业内部雇员分工，促进服务创新的发展。这一维度涉及新的服务产品生产和传递过程的组织，关注对雇员的授权以便最大限度发挥他们的能力。一方面，新的服务可能需要新的组织形式、个人能力和技能；另一方面，为解决实践问题，将出现新的组织形式并通过对员工进行培训以促进创新的发生。实际上，新的服务传递系统与新的客户界面有着密切的联系。

维度四：技术选择。技术选择维度，尤其是服务对技术发展的影响是目前分析和争论的焦点。服务创新的发生并不一定需要技术发展，因此技术并不是必需的维度，如一些服务领域（超市、自助餐厅等）的创新活动主要是非技术形态的创新。然而，技术的采用（如购物车和仓储系统、烹饪电器、外科手术工具等）可以提高服务效率，因此大多数服务创新中都有技术的参与。然而，服务创新的四维度模型也仅关注影响服务行业创新过程的重要因素，缺乏对制造业企业服务创新一般过程的分析探讨。

1.2.4 服务创新政策研究

国际上针对服务创新政策的相关研究（Warrant et al., 2002；Ark et al., 2003；Hertog et al., 2003；Rubalcaba, 2006, 2007；Baker et al., 2008；Kuusisto, 2008；Bloch et al., 2008），主要从市场失灵和系统失灵等角度，

对现行服务业的创新政策经验和问题进行分析，并提出相应的政策建议。制造业企业服务创新政策研究很少，通常将服务创新等同于服务企业的创新活动；政策研究不够深入，研究缺乏有效的制造业企业服务创新政策研究框架，研究针对性和可操作性不足。

部分研究运用标杆、政策矩阵等方法进行政策分析和评价，然而研究的主要方向是服务业相关的创新政策，而不是服务创新政策。例如，Warrant 和 Valenduc（2002）运用标杆评价方法，对服务业中的创新政策进行比较分析。Hertog 和 Segers（2003）探讨了荷兰开展创新活动的服务企业与开展技术创新活动的企业之间的差异（服务企业 R&D 投入强度普遍低于制造业企业 R&D 投入强度、服务企业开展知识合作的企业数量少于制造业企业），分析服务企业从荷兰创新政策中获得的支持和帮助，最后引入包括 7 个欧洲国家的政策矩阵，对荷兰服务创新政策框架进行评估。然而，该研究将开展服务创新的企业等同于服务企业，将开展非服务创新的企业等同于开展技术创新的企业，实际上是服务业创新政策相关研究。

部分研究规范运用政策分析方法，对服务创新政策进行系统梳理，建立服务业创新政策研究框架，同时提出具体政策建议。但研究也主要关注与服务相关的创新活动或者服务业中的创新活动，缺乏对制造业企业服务创新的政策研究。例如，Ark 等（2003）基于服务创新的创新环境和政策环境，探讨服务创新中的市场失灵和制度失灵问题，分析市场规制和框架政策等平行政策对服务创新的重要性，强调服务创新政策需要关注以下 3 个方面：①深化创新政策，覆盖服务相关创新活动和服务活动；②扩展创新政策，发起新的创新计划以促进服务相关创新活动；③重视水平创新政策，发挥非创新政策（水平政策）在激发和促进服务相关创新活动中的重要作用。Ark 等对服务创新政策进行系统分析，政策建议操作性较强，但主要针对服务业创新活动，忽视了制造业企业服务创新活动的开展。

Rubalcaba 对服务创新政策进行了系统研究。Rubalcaba（2006）对服务创新政策进行方法论研究，提出服务创新政策分析框架并探讨其合理性，认为特定的服务创新需要不同的政策工具；然而，服务创新政策应该是普适的，应制定平行政策促进服务创新活动的开展。Rubalcaba（2007）对欧洲涉及服务业的政策进行系统梳理，认为欧洲缺乏对服务经济的正确认识，并且欧洲的服务经济缺乏市场完整性，导致服务政策框架下市场失灵和系统失灵的政策工具有可能被误用。因此，作者提出应建立综合的政策框架，强调市场政策、企业和产业政策、竞争政策和规制政策的运用。

Baker 等（2008）识别出影响服务领域发展趋势的关键因素，包括服务活动向制造业延伸、服务性外包的兴起。商业服务业对其客户（通常是制造业企业）生产率的提高做出了巨大贡献，国家规章制度对服务业的发展起着重要作用，服务领域的标准和规则制定正处于起步阶段，服务领域存在高技能人才短缺问题，阻碍了服务领域研发、创新活动的开展和生产率的提高，服务领域存在市场准入和不完全竞争的问题；将欧盟现行政策归类，包括规章制度的制定和程序简化等政策、人力资源相关政策（包括雇佣、认证、技能和流动性等方面），以及服务和组织创新政策。Baker 最后提出政策建议，包括：①成立商业服务业高级小组，承担对该行业的深入分析职责，跟踪、识别、评估现有政策中促进商业服务业发展的关键因素，制定强有力的政策措施促进商业服务业发展；②成立商业服务业观测机构，监控欧盟层面、产业层面和欧盟成员国政策措施的执行情况，并对有效的政策措施进行发布。然而，Baker 等的研究也主要关注商业服务业的创新活动，忽视了制造业企业的服务创新活动，相关政策建议不够深入，仅关注政策监控评估系统的建立，缺乏对企业服务创新活动的有力支持。

北欧创新中心（Nordic Innovation Center，NICe）ServINNo 项目针对丹麦、芬兰、冰岛、挪威、瑞典五国的服务创新政策进行系统研究（Kuusisto，2008；Bloch et al.，2008）。ServINNo 旨在提升以相关创新活动为服务对象的创新政策的知识基础，为政策制定者提供服务创新政策设计和政策实施面临的挑战和机遇等信息，研究方法包括半结构化的访谈和文献调研。ServINNo 项目通过收集和识别欧洲服务创新政策关键主体的相关信息，分析服务创新政策背景下的战略性问题和政策问题，总结现行服务创新政策发展的经验和不足，并提出促进未来服务创新政策发展的相关建议。主要研究结论包括：①服务创新政策需要平行的政策研究方法，并在不同政策行为主体之间进行沟通和协调，为更好地协调创新政策，一些欧洲国家对国家创新系统进行结构调整；②服务企业如何创新等信息和数据的缺乏，极大地阻碍了服务创新政策的制定；③现在需要能够意识到非技术创新重要性的平衡创新政策；④创新政策包括供给政策和需求政策，但现行服务创新政策中需求政策相对较少；⑤框架政策（framework policy）对服务创新政策具有重要影响；⑥服务出口和全球化驱动着服务创新政策的发展，公私合作在服务创新政策中也起着重要作用；⑦区域政策和集群政策是服务创新政策有效执行的平台，在执行中将服务创新政策融入社会经济中非常重要。但是，ServINNo 项目的相关研究报告主要关注北欧五国的服务创新政策现状分析和对服务创新政策制定关键影响因素的探讨，并未提出增强服务创新的具体政策建议，政策研究主要关注服务企业，缺乏对制造业企业服务创新政策的研究。

我国学者对服务创新政策的研究刚刚起步（刘顺忠，2007；刘书瀚，2008；熊焰 等，2008），研究主要集中在对国外服务创新政策的比较分析和评述，以及对知识密集型服务业创新政策的研究，很少涉及制造业企业的服务创新活动。我国服务创新政策现有研究，将服务创新与知识密集型服务业创新活动混同，缺乏政策研究牢固的理论基础；对服务创新政策分析探讨不够深入，政策建议缺乏实际可操作性，并较少对增强我国制造业企业服务创新活动提出针对性政策建议。

刘顺忠等（2007）采用入户调查的方式对知识密集型服务企业进行调研，并基于研究创新政策措施影响力和重要性的关系矩阵，对我国知识密集型服务业创新政策支撑体系的政策措施进行比较分析。研究表明，政府对知识密集型服务业的鼓励与扶持、法律法规和行业标准的制定与完善、相关行业信息的及时发布，是促进我国知识密集型服务业创新发展最为有效的政策。然而，刘顺忠等的研究关注的是知识密集型服务业而不是服务创新，入户调查也仅局限于武汉市知识密集型服务企业，研究缺乏代表性和针对性。

刘书瀚（2008）对发达国家服务创新政策进行了系统梳理，将其划分为 3 个发展阶段：第一阶段从"二战"后到 20 世纪 80 年代末，服务部门及服务活动制造业创新的附属部门，创新政策重点是制造业，服务创新没有得到政策制定者的关注；第二阶段从 20 世纪 90 年代初到 2005 年，随着知识密集型服务业的兴起及对高技术制造业的推动，政策制定者开始关注知识密集型服务业，但这一阶段对服务创新的认识依然局限于传统技术创新的分析路径，并没有针对服务业本身特点的创新政策。第三阶段从 2005 年开始，随着服务部门技术创新与非技术创新的飞速发展，政策制定者及学者们彻底改变了服务业创新落后的观念，并对服务创新在整个经济活动中的广泛存在有了更全面和更深刻的认识。刘书瀚仅基于发达国家服务创新政策，强调服务创新活动对我国的重要意义，并未针对我国企业服务创新活动提出有针对性的政策建议。

熊焰和李阳（2008）运用市场失灵和系统失灵等理论论述服务创新政策的必要性，并从深化的创新政策、扩展的创新政策及水平的创新政策3个维度，提出促进我国服务创新发展的政策措施。然而，该研究缺乏实践支撑，研究主要基于公共政策和科技政策一般理论，政策范围局限在服务企业的创新活动，缺乏针对服务创新活动的政策建议。

1.2.5 研究评述

目前，服务创新相关研究已引起学者的广泛重视，当前研究重点主要关注服务创新与技术创新之间的区别与联系、技术在服务创新中的作用等问题。在有关服务创新与技术创新之间的区别与联系研究中，部分学者将制造业的概念引入服务业，主要利用技术创新的研究方法对服务创新进行分析探讨，并重点关注技术创新和创新指标（Pavitt，1984）；部分学者认为服务创新活动与制造业的创新活动截然不同，创新的概念也与技术创新有极大区别，因此应采用与制造业中创新活动不同的方法，对服务创新进行研究（Gadrey，1995；Djellal et al.，2001；Sundbo et al.，2000）；部分学者在承认服务创新活动多样性的同时，认为服务业和制造业中的创新活动具有大量共同点，建议同时对服务创新和技术创新活动展开联合研究或进行跨部门研究（Gallouj et al.，1997；Drejer，2004；Howells et al.，2004；Coombs et al.，2000；Hipp et al.，2005；Ebling，2000；Hollenstein，2003；Kanerva et al.，2006）。部分学者关注技术系统在服务创新中的作用，从技术（尤其信息技术）对服务影响的角度进行分析，试图在对技术轨道的研究基础上，建立对服务创新的分析框架（Barras，1986，1990）；部分学者从服务出发，认为没有技术的存在，服务创新也同样会发生。这种"服务导向"的观点并非忽视技术，而是关注非技术形式的创新，并认同熊彼特对创新的宽泛定义（Gallouj，1991；Sundbo，1994，1997；Van et al.，2002）。随着研究的发展，服务创新研究逐渐系统化，服务创新的分类及服务创新模式的研究也有较大进展，但仍然存在不足之处。

首先，服务创新概念还未明确，学术界还没有被大家普遍接受的服务创新定义。现有的服务创新概念相关研究，或者直奔研究主题对服务创新概念避而不谈，或者将服务创新等同于服务业的创新活动（Gadrey et al.，1995；Johan，1998；Sundbo et al.，1998，2000；Marion et al.，2007；Hertog et al.，1999；Hollanders，2008），或者将服务创新概念定义的过于复杂（Tidd et al.，2003；Ark et al.，2003；OECD，2006），并与组织创新等其他创新类型发生交叉和重叠（Tekes）。由于概念界定不清，导致服务创新相关研究缺乏牢固的理论基础，一定程度上阻碍了服务创新研究的开展。

其次，现有研究对服务创新过程分析得不够深入。对服务创新过程的研究还停留在调查研究阶段，基于问卷调查和访谈等结果，对有限服务行业如金融业、软件业等创新活动进行分析探讨。相关研究（Barras，1986，1990；Sundbo et al.，1998；Bilderbeek et al.，1998）仅从影响因素层面对影响服务行业创新活动的重要因素进行识别探讨，缺少对服务创新一般过程的研究，更不用说对制造业企业服务创新过程的一般研究。

最后，服务创新政策研究不够深入。部分学者运用调查、访谈、标杆、政策矩阵等方法对涉及服务行业的创新政策进行政策分析和评价（Warrant et al.，2002；Hertog et al.，2003；刘顺忠 等，2007）。部分学者运用公共政策理论等政策分析方法，对服务创新政策进行系统梳理（Ark et al.，2003；Baker et al.，2008；Bloch et al.，2008；Kuusisto，2008；刘书瀚，2008；熊焰 等，2008），建立服务行业创新政策研究框架（Rubalcaba，2006，2007），并提出相应政策建议。但是，由于服务创新概念的缺失，这些政策研究仅聚焦于服务行业的创新政策而不是服务创新政策，缺少针对制造业企业服务创新过程的服务创新政策需求分析，政策建议缺乏针对性和可操作性。

因此，制造业企业服务创新过程及相关政策研究，具有重要的理论意义。现阶段有必要从服务创新基本概念界定出发，对制造业企业的服务创新活动进行深入研究和探讨，明确服务创新内涵与本质，探讨制造业企业服务创新特征，深入分析制造业企业服务创新过程和服务转型过程，识别影响制造业企业服务创新过程的关键因素，并提出增强我国制造业企业服务创新的政策建议。

1.3　研究内容与研究方法

1.3.1　研究问题界定

本书关注制造业企业的服务创新过程，重点研究制造业企业服务创新活动特点及规律、制造业企业服务创新运行机制、基于服务创新的制造业企业服务转型，以及影响制造业企业服务创新过程的关键因素等，并基于制造业企业服务创新过程，提出增强制造业企业服务创新的政策建议。本书主要研究的问题包括以下几个方面。

第一，服务创新概念。界定服务创新的内涵和外延，明确本书制造业企业服务创新过程的分析范围。

第二，服务创新理论。通过对价值理论、企业能力理论、创新理论等相关理论的综合运用，构建服务创新理论分析框架，探讨服务创新本质特征。

第三，制造业企业服务创新过程。在理论分析框架下，分析制造业企业服务创新特点，识别制造业企业服务创新的核心驱动力，分析制造业企业服务创新的运行机制。

第四，制造业企业服务转型。基于制造业企业的服务创新，深入剖析制造业企业服务转型的背景、驱动力和服务创新进程，识别转型的主要路径和典型模式。

第五，制造业企业服务创新影响因素。基于文献调研和实证研究，识别制造业企业服务创新过程的影响因素。

第六，制造业企业服务创新政策。通过上述对制造业企业服务创新过程、影响因素及服务转型的深入分析，结合发达国家服务创新政策经验，提出增强我国制造业企业服务创新能力的具体措施。

1.3.2　研究方法与章节安排

本书采用定性研究和定量研究方法，包括文献研究、案例研究和统计等，对制造业企业服务创新活动进行深入研究和探讨。①文献研究，论文针对研究问题进行充分的文献调研，对国际上服务创新研究视角、研究进展，以及影响服务创新过程的重要因素进行总结归纳，分析现有研究的缺失和不足，确定本书研究主题，并对制造业企业服务创新过程影响因素进行深入探讨；②案例研究，本书引入案例研究，具体分析制造业企业服务创新过程，阐述基于服务创新的制造业企业服务转型的不同路径；③统计，本书采用回归分析的方法，验证基于文献研究提出的制造业企业服务创新过程的影响因素。

本书章节安排如下。

第一章：绪论。本章主要论述论文研究背景、研究现状、研究目的及意义、研究问题界定、研究内容和研究方法等。

第二章：相关理论研究。本章首先介绍价值理论包括马克思主义的劳动价值理论、西方经济学的消费者效用理论和客户价值理论，企业能力理论包括核心能力和动态能力，创新理论包括创新过程分析和创新过程模型，在此基础上建立本书理论基础，即从客户价值创造角度出发，基于企业超额利润的产生和消费者剩余的实现，对制造业企业服务创新过程进行分析。

第三章：制造业企业服务创新过程研究。本章首先分析制造业企业服务创新的主要特征，基于主要特征识别制造业企业服务创新过程的核心驱动力，并对制造业企业服务创新运行机制进行深入研究，最后结合案例具体说明制造业企业服务创新过程。

第四章：制造业企业服务创新影响因素分析。本章通过文献研究对制造业企业服务创新过程的影响因素进行分析探讨，并分析了影响因素的发展演化过程。

第五章：基于服务创新的制造业企业服务转型研究。本章首先探讨服务创新在制造业企业中的作用，分析制造业企业基于服务创新的服务转型战略选择，并结合具体案例研究了制造业企业服务转型的 3 种典型路径。

第六章：制造业企业服务创新过程影响因素实证研究。本章利用欧洲制造业调查数据，对制造业企业服务创新过程影响因素进行实证研究。

第七章：增强制造业企业服务创新相关政策研究。本章分析了我国制造业企业服务创新面临的政策环境和问题，介绍了当前部分发达国家服务创新相关政策，并给出增强我国制造业企业服务创新的政策思路和政策建议。

第八章：主要结论及后续研究。

1.3.3 研究框架

论文研究框架如图 1-7 所示。

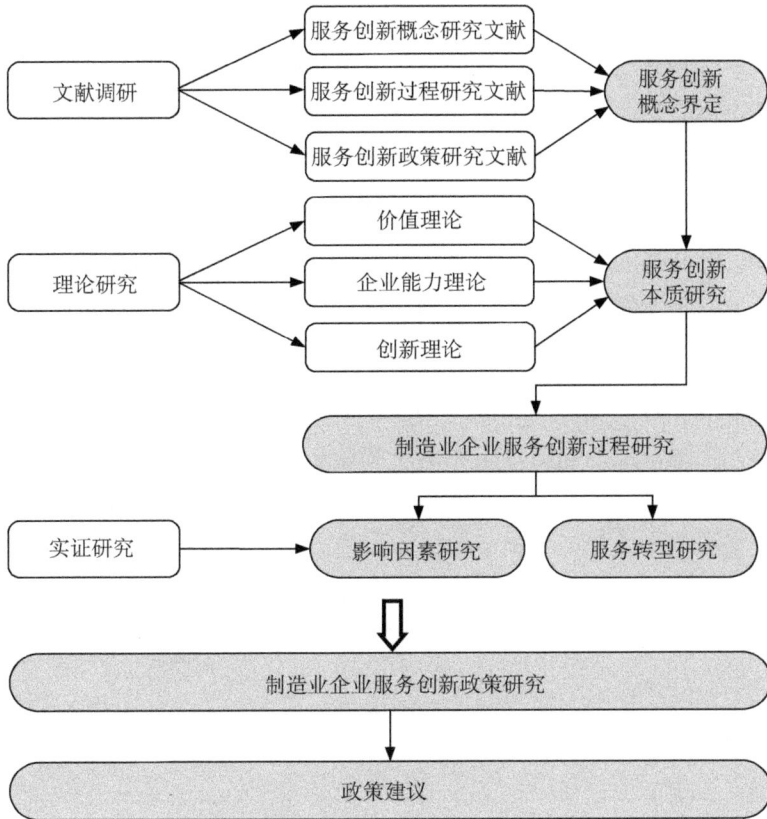

图 1-7 论文研究框架

1.4 重要概念界定

1.4.1 服务创新内涵与外延

对制造业企业服务创新过程进行研究，首先需要明确服务创新范围。根据熊彼特的定义，创新是对现有资源的重新排列，以产生更大的社会效益、经济效益。创新可以是一种新的产品、新的生产工艺、新的供应商、新的市场，以及新的组织。虽然经过 100 多年的发展，创新研究无论是方法论还是实证研究都有极大进展（Christopher，1982；Amabile et al.，1996；Veneris，1990；Luecke et al.，2003），熊彼特的创新定义仍然是现代创新研究的基石。

基于熊彼特的创新描述，可以从物质形态维度和客户价值创造维度对服务创新进行界定。从物质形态维度来看，可以将创新分为有形的创新活动和无形的创新活动。有形的创新活动指创新成果的核心内容是有形产品，如新的机器、新的设备、新的物质产品等。无形的创新活动指创新成果的核心内容是无形产品，如新的商业模式、新的组织形式等。从客户价值创造维度来看，可以将创新分为直接创造新客户价值的创新活动，以及间接创造新客户价值的创新活动。直接创造新客户价值的创新活动，指创新成果能够直接在市场商业化应用并为客户提供新价值的创新活动，如新产品和新服务等。而新的组织形式、新的生产工艺等在企业内部开展的创新活动，创新成果没有直接在市场商业化，主要是通过提高生产率、降低成本，间接参与新价值创造活动。因此，可以依据这两个维度将创新活动分为 4 类，分别为产品（产品仅限于制造产品，不包括服务，下同）创新、工艺创新、组织创新和服务创新，如图 1-8 所示。

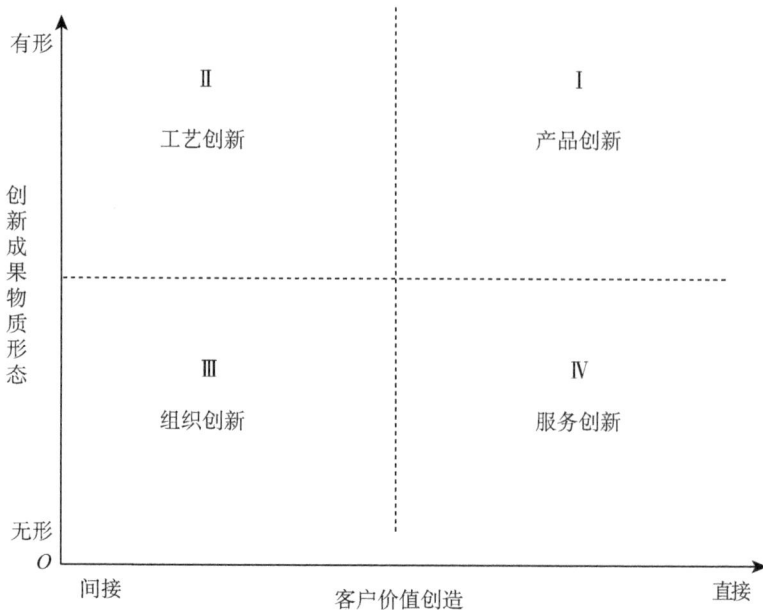

图 1-8　创新的两维度模型

Ⅰ为产品创新，这种创新活动的核心内容为有形产品，能够在市场上商业化，直接创造新价值。产品创新的主要成果为新的或有显著改善的产品，可以是新的知识和技术的开发，也可以是现有知识技术有机整合以创造新的或显著改进的产品。例如，第一台微处理器、打印机、收音机、电视机、汽车、数码相机等是利用全新技术开发出来的新产品；而第一台便携式 MP3 播放器，则是现有软硬件技术进行有机结合创造出来的新产品，是基于现有技术的产品创新。

Ⅱ为工艺创新，这种创新活动的核心内容为有形的工艺技术，如新机器、新设备的引进等。这一类型的创新活动主要在企业内部开展，主要目的在于提高生产经营效益和传递效率，降低运营成本，提高产品质量，间接创造新价值。工艺创新可以是新的信息、资源的引入，也可以是信息、资源的新组合以创造新的工作方法，还可以是新的生产、运输设备的引入。换句话说，工艺创新是新的或有显著改进的生产方法和设备在企业运营过程中的应用，是技术进步内化了的新工艺，以更好地生产产品和服务。这种类型的创新活动也被称为"技术型工艺创新（technological process innovation）"（Edquist et al.，2001），与新机器、新设备有着密切联系。OECD（2005）认为，工艺创新降低了生产和运输的单位成本，提高了产品质量，并生产传递了新的或有显著改进的产品。例如，条码和 RFID（Radio Frequency Identification）在批发和零售业中的首次应用，极大地促进了该产业传递效率的提高，这可以看作是工艺创新。

Ⅲ为组织创新，这种创新活动的核心内容为新的组织形式和管理方法，通过企业内部效率的提高间接创造新价值。组织创新是有关组织结构、行政管理、管理系统、工作环境等企业内部组织体系的创新活动。与工艺创新类似，组织创新关注企业内部成本的降低及劳动生产效率和产品质量的提高。组织创新被认为是"组织的工艺创新（organizational process innovation）"（Edquist et al.，2001），采用新的形式进行组织和建立网络。OECD（2005）认为，组织创新是一种新的组织方法、新的组织结构、新的外部关系在企业中的推广和应用，旨在通过降低行政管理费用和交易成本，改善工作环境、提高员工工作满意度（从而提高员工劳动生产率）、获得非交易性外部资源（如外部隐性知识）、降低供应商相关费用等，以提高企业效率和绩效。组织创新可以是企业内部首次引入的知识共享系统，如知识共享网络和企业内部知识库等，也可以是首次引入新的生产或供应链管理系统，如供应链管理系统、业务流程再造（business process reengineering）、敏捷制造、全面质量管理等。例如，企业流程再造系统（ERP）的首次引进可以优化企业的采购、生产、库存等活动，这可以看作是一项组织创新。一个具有新职能的业务部门在企业内部首次设立，也可以看作是一项组织创新。

Ⅳ是服务创新,服务创新的核心内容为全新的或经过重大改进的无形服务,通常以新服务或新商业模式的形式在市场上出现,经过商业化过程直接创造新的客户价值。服务创新有两个主要特点:一是服务创新的无形性特征,这与产品创新有显著区别。二是服务创新可以通过商业化过程直接带来新的客户价值,这与工艺创新和组织创新有显著区别。在线销售模式的首次应用,是将新的经营模式引入企业,这都可以看作服务创新活动。例如,当当网和蔚蓝网等的在线书店、多数服装品牌都有的在线服装店,以及在线药店等。此外,目前较为流行的是将制造业产品和服务有机捆绑销售的行业解决方案。例如,海尔的整体厨房业务为客户提供从厨房装潢到厨具安装的一整套解决方案,这也是一项新的服务创新。

一方面,服务创新是"无形产品(即服务)"的创新活动,包括新的或有重大改进的服务产品的首次引入,并直接在市场上进行商业化的创新活动(OECD,2005)。在这里,无形性主要指服务创新的核心内容是无形的,而不局限于产品外形的无形性特征。科学技术的飞速发展,极大地提高了无形产品存储的可能性,越来越多的无形产品可以通过有形的媒介贮存、运输和传递。例如,一个新的或有重大进步的软件是一项服务创新,可依靠当前科技存储在软盘、光盘、移动硬盘等媒介中,从而在市场上销售。然而,该项产品的核心内容是在媒介中存储的无形的信息和知识等,软盘、光盘、移动硬盘等媒介仅起到存储和运输等辅助作用,完全可以根据需要和科技发展,换成另外一种存储媒介。

另一方面,服务创新能够直接创造新的客户价值,这一特征与工艺创新和组织创新有显著区别。服务创新成果可以直接在市场上商业化,从而创造新价值。服务创新可以新服务产品的形式在市场上出现,为企业带来超过市场平均利润的创新利润;也可以是新的商业模式在市场上的首次引入,这种新的商业模式有机整合了新的企业战略、新的管理理念、新的业务流程、新的传递和市场营销方法,以在市场上创造更多新的客户价值。而组织创新和工艺创新主要在企业内部开展,通过企业引入新的或明显改进的生产方法或管理手段,增强企业效率和效力,间接促进了新价值的创造。

1.4.2　服务创新、服务业创新与商业模式创新：区别与联系

目前，服务创新相关研究往往将"服务创新"与"服务业创新"两个概念混为一谈。例如，部分学者将服务创新等同于服务业中的创新活动（Gadrey et al.，1995；Johan，1998；Sundbo et al.，1998，2000；Pim et al.，1999；Weissenberger-eibl et al.，2007；Hollanders，2008）。此外，研究中提到以新的传递系统和新的运行管理方法等形式出现的所谓服务创新活动，本质上都不是服务创新。服务创新和服务业创新两个概念有着显著区别，需要进行进一步澄清。

服务业创新指服务行业中发生的创新活动。服务业创新可以是一项工艺创新，通过引入新的生产工艺和设备以提高劳动生产率和产品质量；可以是一项组织创新，通过在企业引入新的业务部门或新的管理方法来优化资源配置；也可以是一项服务创新，通过将新的商业模式或新的服务产品在市场上商业化，从而创造大量新增价值。服务业创新的范围仅限于服务行业，而服务创新可以在服务行业以外的其他部门开展，如制造业、农业、建筑业、采掘业等。换句话说，服务业创新关注的是创新活动的发生地点，而服务创新主要关注创新方法和创新成果的形式。服务创新与服务业创新的主要区别和联系如下。

①如果创新活动涉及服务企业或制造业企业发生的新的或显著改进的服务产品或商业模式，为服务创新。

②如果创新活动涉及新的或有显著改进的生产工艺、生产设备、传递系统、组织结构、管理理念和方法在服务行业的首次引入，以提高生产率和产品质量，为服务业创新。

③如果创新活动涉及服务企业将新的或显著改进的服务概念或商业模式在市场上首次商业化并创造新增价值，该创新活动既是服务创新又是服务业创新。

为便于理解服务创新和服务业创新的区别与联系，现以金融业为例，具体阐述服务创新和服务业创新的区别与联系。金融业主要帮助客户管理现金和其他金融资产，自 20 世纪以来经历了数次重大创新活动。尤其是信息通信技术在金融领域的渗透和广泛应用，极大地改变了金融服务的运营和传递模式，同时也为客户提供了种类繁多的金融产品和相关理财服务。信息通信技术和计算机的首次引入，极大地提高了金融数据的处理速度，便利了金融数据的分析、运算、传递和存储，使得金融单项业务的运行时间得到极大缩短，业务复杂程

度下降，操作便利性提高，金融服务生产效率得到明显改善。这项创新活动的主要目的在于提高企业内部运营效率，是服务业创新活动的一种。更精确地说，这是服务业中发生的工艺创新活动。信息通信技术在金融业的广泛应用和传播，带来了另一种形式的创新活动。由于相关信息技术，如数据处理和存储技术等在金融企业的应用，也产生了数据维护、数据安全和危机管理等内部相关业务。并且由于金融业需要数据的高度保密性等特征，这些内部相关业务不能进行行业业务外包。因此，新的信息部门在金融企业设立，为企业金融服务的正常安全运营提供技术支持和保障。这项创新活动发生在服务行业内部，为一项服务业创新，具体来说是服务业中的组织创新活动。信息通信技术的发展，也催生了新的金融产品出现。随着信息通信技术及其相关产品的大量出现，在线金融理财业务也应运而生。新的金融产品使客户在获得金融服务时不必受到时间和空间的限制，可以随时随地进行现金交易及股票、证券等理财服务。此外，在线金融服务不仅极大地方便了享受金融服务的客户，其网上支付功能同时促进了其他在线业务的快速发展，如网上购物。这些新的金融产品和金融服务都是服务创新，它们同时也是服务业创新活动，具体来说，是服务业中的服务创新活动。

此外，服务创新与商业模式创新也是两个既有所区别，又有交叉联系的概念。商业模式指能够创造经济效益、社会效益和其他价值形式的盈利模式，涉及企业的意图、战略、基础设施、组织结构、运营过程和企业制度等。商业模式创新主要涉及企业业务的创造和再创新，即企业在一定的价值链或价值网络中如何向客户提供产品和服务并获取利润（乔为国，2009）。商业模式创新由多种要素构成，涉及定价、收益方式、产品服务、客户关系等不同要素之间的关系。

商业模式创新指企业引入的新盈利模式，这种新的盈利模式，既有可能基于服务创新，又有可能基于工艺创新和组织创新。但服务创新强调客户价值的创造，企业的创新活动必须带来客户价值的变化，才能成为服务创新活动。而部分商业模式创新，只是降低了企业的生产成本，为企业带来更多利润，但对市场上客户价值的变化没有影响。例如，丰田的商业模式创新——即时制（just in time），创造了一种在多品种小批量混合生产条件下高质量、低消耗的生产方式，但其主要产品与在先前生产方式下生产的产品没有显著区别，没有在市场上创造新的客户价值。即时制是一项重要的工艺创新，但不是服务创新。企业将非核心业务外包，也是一种新的商业模式，但由于不创造新的客户价值，因此不属于服务创新。而 IBM 公司的创新活动，即产品、软件、咨询、服务、技术支持等的有机整合形成的行业解决方案，为客户提供了新的使用价值，因此这种创新活动既是商业模式创新，也是服务创新。

第二章
相关理论研究

　　服务创新研究可以从经济学、管理学等不同视角展开。创新活动的引入，本质上是为了创造并获取新价值，推动社会财富的增长。对企业而言，开展服务创新从短期来说是为了增加产品和服务的客户价值，为企业带来更多的利润；从长期来说，服务创新活动涉及企业核心能力建设，是企业建立竞争优势的重要手段。对客户而言，服务创新活动的开展增加了产品和服务的客户价值，使客户获得消费者剩余。本章试图从价值理论、企业能力理论、创新理论出发，深入探讨服务创新的本质，构建企业服务创新过程分析的理论基础。

2.1　价值理论

2.1.1　劳动价值论

　　17 世纪中叶以来，随着英国资本主义手工工场向机器大工业的过渡，价值理论的研究从萌芽状态逐渐发展壮大，到今天形成三大不同的理论体系，分别为斯拉法的价格理论体系、新古典主义价格理论体系，以及马克思主义劳动价值理论体系。张宇等（2002）对 3 种理论体系做了详细介绍。

　　斯拉法的价格理论体系与新古典主义价格理论体系相对立，试图建立一套客观、物质的价格理论，找出一致不变的价格尺度，解决价值规律与等量资本取得等量利润的矛盾，从而既可以作为价值尺度，又可以作为生产价格尺度。该理论研究是在一定生产技术条件下的物质资料再生产过程中，产出商品和投入商品的物质联系和物质交换，找到商品投入和产出的比例关系，从而得出商品的价格。此外，商品价格还受到一定社会条件下，"剩余价值"在工人和资本家之间的分配的影响。这里的"剩余"指各物质生产部门的产品除去作为其他生产部门的投入以外的剩余价值，即（C+V+M）– C=V+M，而不是马克思所强调的剩余价值（C+V+M）–（C+V）=M。然而，斯拉法的价格理论体系仅从数量角度分析商品相对价格的决定理论，只关注物质数量变化引起的相对价格变动，没有从价值关系出发，揭示价格背后的价值变动，其内涵只是价格而不是价值。

新古典主义的价格理论以英国经济学家阿尔弗雷德·马歇尔（Alfred Marshall）为代表，经典理论为马歇尔代表作《经济学原理》中消费者效用理论涉及的"均衡价格论"。均衡价格指供给方和需求方达到均衡时所决定的价格。马歇尔采用边际效用理论和生产费用理论来阐述需求和供给的变动，用供给曲线和需求曲线的变动来解释均衡价格。市场供求自发调节，从而形成了商品的均衡价格。其中，需求价格是购买者对一定数量的商品所愿意支付的价格，主要由商品的边际效用决定；供给价格是供应商在市场提供一定数量的商品所愿意支付的价格，主要由商品的边际成本决定。当市场上的商品供应数量所对应的供给价格与客户在该数量上对应的需求价格一致时，市场达到均衡，商品的均衡价格形成。然而，均衡价格理论关注的是外部的供求现象，研究的是产品的市场价格而不是真正价值，仅以表面的供给和需求的外部依赖和动态变化作为分析基础，不涉及商品价值的本质。

马克思主义劳动价值理论较好地对商品价值进行了阐述。马克思认为，商品的价格由商品的价值决定。商品的价值是凝结在商品中无差别的人类劳动，是质和量的统一。由于每个商品生产者生产同一种商品所耗费的劳动时间不一致，决定了价值量不是由个别商品生产者所耗费的劳动时间，而是由社会必要劳动时间所决定的。社会必要劳动时间，指在现有社会正常生产条件下，在社会平均劳动熟练程度和劳动强度下制造某种使用价值所需要的劳动时间。社会必要劳动时间不变，商品的价值量就不变。社会必要劳动时间受工人平均熟练程度、科学技术发展水平、生产资料的规模和效能等多种因素的影响，随生产力的变化而变化。劳动生产力不变的条件下，商品的价值量也不变。马克思还提出剩余价值的概念，认为剩余价值是雇佣工人创造的被资本家无偿占有的超过劳动力价值的价值。

商品还具有使用价值。商品的生产过程是劳动过程和价值形成过程的统一，具体劳动创造商品的使用价值，并将生产资料中物化的劳动转移到商品之中；抽象劳动创造商品的价值，将新创造的价值凝结在商品中。从价值形成过程来看，商品价值包含从生产资料转移的物化劳动，即生产资料生产过程中的活劳动耗费，以及当期投入的活劳动。使用价值是价值的物质承担者，商品没有使用价值就卖不出去，无法在市场上流通，也就不能实现商品的价值。商品作为外界的对象，是满足人的某种需要的物品。物品的有用性，构成了商品的使用价值。物的有用性取决于商品本身的属性，它与商品不能分离，具有同一性。由于使用价值源于商品的物质属性，仅反映人与自然的关系，因此使用价值属于商品的自然属性。马克思还指出，作为自然属性的使用价值，只有在使用和消费时才能实现。因此，使用价值是构成社会财富的物质内容。

在马克思主义劳动价值理论中，企业家的目的是追逐剩余价值，获得超额利润。生产者的超额利润，指其他条件保持社会平均水平而获得超过市场平均正常利润的那部分利润。超额利润来自企业自身剩余劳动的物化，即由于资本家率先采用了先进技术和生产设备，使得企业生产商品的个别劳动时间低于社会平均劳动时间。企业家可以将商品低于社会平均价值出售，但商品高于其个别价值出售，即高于企业家在新的生产条件下所必需的劳动时间出售。例如，假定在社会正常生产条件下，1 小时生产 12 件商品，而率先采用新技术和新设备的 i 企业，生产效率提高 1 倍，1 小时可以生产 24 件商品。马克思认为，i 企业的劳动获得了与社会平均劳动不同的特殊生产力，成为比平均劳动高的劳动。假设这种劳动的一个劳动小时等于平均劳动的 5/4 劳动小时。因此，i 企业该商品的售卖价值为 1.25 小时 /24 件，如表 2-1 所示。

表 2-1 超额利润来源

项目名称	（1）单位商品个别价值	（2）单位商品售卖价值	（3）单位商品社会价值	（4）单位商品超额利润 (4)=(2)-(1)
i 企业	1 小时 /24 件	1.25 小时 /24 件	1 小时 /12 件	0.25 小时 /24 件
其他企业	1 小时 /12 件	1 小时 /12 件	1 小时 /12 件	0

资料来源：张宇，孟捷，卢荻.高级政治经济学 [M].北京：经济科学出版社，2002.

i 企业的超额利润 R_i 可以表示为：

$$R_i = l_i \times (z_i - 1) > 0, \quad (2-1)$$

$$z_i = v_i / l_i。 \quad (2-2)$$

其中，v_i 为 i 企业全部产出的售卖价值，l_i 为全部产出的个别价值，z_i 为价值转换系数。表 2-1 中，$v_i = 1.25$ 小时，$l_i = 1$ 小时，$z_i = 1.25$ 小时，$R_i = 0.25$ 小时。

马克思指出，"只有这种相对剩余劳动，才使资本家在出售商品时得到高于它价值的价格剩余。资本家只有出售时，才能实现这种剩余劳动时间，或者说，实现这种剩余价值；但是，这种剩余价值并不是来源于出售，而是来源于缩短必要劳动时间，因而相对增加剩余劳动时间。"[①] 新技术和新生产设备在企业的引入，以及企业开展的研究开发和创新活动，促使简单劳动转化为"自乘的劳动"或新类型的复杂劳动（complex labor），提高劳动强度，缩短单位产品的劳动时间，带来价值增值和企业超额利润的飞速增长。

2.1.2　消费者效用理论

商品的效用，指消费者消费该商品时获得的满足感。这一满足感不仅体现在物品本身满足客户需求的客观物质属性，也有赖于消费者的主观感受。西方经济学提出两种类型的效用（宋承先，1994；高鸿业，1996），分别是序数效用（ordinal utility）和基数效用（cardinal utility）。序数效用认为，商品的效用无法具体衡量，例如 X_1 商品和 X_2 商品的效用只有排序上的差别，可以比较但不能相加。基数效用假定效用可以用基数表示，可以比较大小，可以加总，例如一个单位 X_1 商品提供 3 个单位效用，一个单位 X_2 商品提供 6 个单位效用，因此一个单位 X_2 商品的效用是一个单位 X_1 商品的 2 倍，X_1 商品和 X_2 商品共提供 9 个单位效用。

基数效用论将效用分为总效用（TU）和边际效用（MU）。总效用指消费者在一定时间内消费一定数量的商品（数量为 Q）所获得的效用总和，边际效用指消费者在一定时间内增加一单位商品的消费所得到效用的增加。总效用函数为：

$$TU = f(Q)。 \qquad (2-3)$$

边际效用函数为：

$$MU = \frac{\Delta TU(Q)}{\Delta Q} = \frac{\mathrm{d}TU(Q)}{\mathrm{d}Q}。 \qquad (2-4)$$

当商品的增加趋于无穷小时，即 $\Delta Q \to 0$ 时，则有：

$$MU = \lim_{\Delta Q \to 0} \frac{\Delta TU(Q)}{\Delta Q} = \frac{\mathrm{d}TU(Q)}{\mathrm{d}Q}。 \qquad (2-5)$$

[①] 马克思，恩格斯. 马克思恩格斯全集（第47卷）[M]. 中共中央马克思恩格斯列宁斯大林著作编译局，译. 北京：人民出版社，1979.

商品的边际效用呈现递减规律。边际效用的递减规律指消费者消费某种商品所获得的总效用随着消费数量的增加而相应增加，但该商品的边际效用却随着商品消费数量的增加呈现递减趋势。随着商品消费数量的增加，商品的总效用将达到最高值，这时，该商品的边际效用为 0，超过这一数量的消费，所带来的边际效用为负值。边际效用递减规律表示为：

$$MU = \frac{dTU(Q)}{dQ} > 0, \qquad (2-6)$$

$$\frac{d}{dQ}MU = \frac{d}{dQ}\left(\frac{dTU(Q)}{dQ}\right) = \frac{d^2TU(Q)}{dX^2} < 0。 \qquad (2-7)$$

边际效用递减的主要原因，有两种解释。一种是因为随着同一种商品消费数量的增加，该商品对消费者生理或心理的刺激多次反复，消费者对该商品的生理或心理上的反映逐渐递减；另外一种解释是假定消费者是理性的，消费者会将首先购买的产品用于最需要的地方，而将第二次购买的商品用于次等需要的地方，以此类推，商品呈现边际效用递减规律。

理性消费者会合理分配货币用于购买不同类型的商品，从而获得最大的总效用。假设消费者花费的货币总量为 I，用于购买 n 种商品 X_1，X_2，X_3，…，X_n，每种商品对应的价格分别为 P_1，P_2，P_3，…，P_n，每种商品对应的边际效用分别为 MU_1，MU_2，MU_3，…，MU_n。消费者总效用最大化的均衡条件，需满足以下公式：

$$P_1X_1 + P_2X_2 + P_3X_3 + \cdots + P_nX_n = I, \qquad (2-8)$$

$$\frac{MU_1}{P_1} = \frac{MU_1}{P_1} = \frac{MU_1}{P_1} = \cdots = \frac{MU_1}{P_1} = r。 \qquad (2-9)$$

即满足消费者均衡的条件是，消费者所购买的每种商品最后一单位的效用（即边际效用）与价格之比都相等，或者说消费者每花费单位货币所获得的每种商品的效用都相等。基于消费者均衡条件和边际效用曲线，我们可以推导出消费者的需求曲线，如图 2-1 所示。

根据边际效用递减规律，消费者购买某种商品的数量越多，对每单位商品所愿意支付的价格越低。因此，消费者消费一定数量的某种商品所获得的总效用，一般来说超过消费者愿意为此支付的货币数量所带来的总效用。马歇尔将两者的差额称为消费者剩余（consumer surplus）。消费者剩余又称为消费者净收益，是指消费者在购买一定数量的某种商品时愿意支付的最高价格和实际支付的价格之间的差额。消费者剩余体现消费者的实际付出少于消费者的实际获得，衡量了消费者所获得额外利益的体验。如图 2-2 所示。

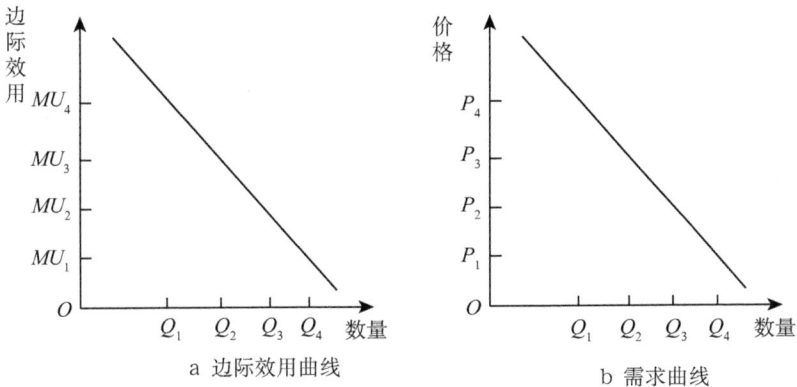

图 2-1　需求曲线推导

（资料来源：宋承先 . 现代西方经济学 [M]. 上海：复旦大学出版社，1994.）

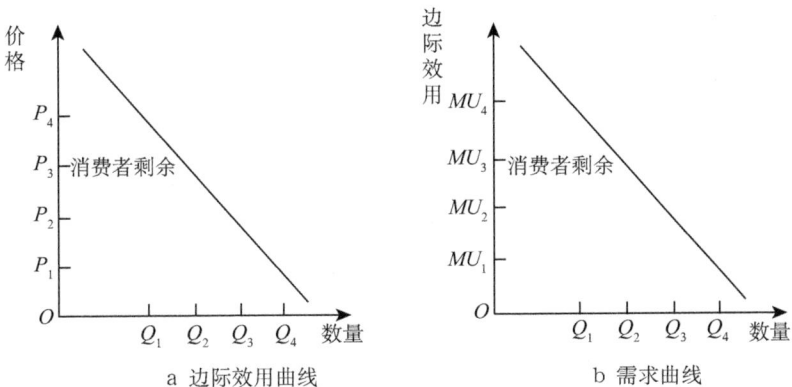

图 2-2　消费者剩余

（资料来源：宋承先 . 现代西方经济学 [M]. 上海：复旦大学出版社，1994.）

2.1.3　客户价值理论

从市场和客户的角度出发，学术界提出客户价值的概念。Zeitham（1988）认为，客户价值是消费者基于对商品所提供的和所接受的感知，对产品的实用性的全面评价。Gale（1994）认为，客户价值是市场上基于商品价格所感知到的质量。Butz 和 Goodstein（1996）认为，客户价值是通过消费者使用生产者提供的产品和服务，发现产品提供的附加值，从而在消费者与生产者之间建立的情感债券（emotional bond）。Anderson 等（1993）认为，客户价值是消费者通过支付一定的价格获得产品和服务，从而感知到的价值，这种价值以货币化的经济、技术、服务和社会效益的形式出现。客户价值与商品的有用性存在内在联系，这是客户价值与个人价值、集体价值等最重要的区别（Burns，1993；Allen et al.，1992）。客户价值主要取决于消费者而不是生产者的感知，因此，这些感知通常与客户购买商品的获得（如质量、收益、价值、实用性等）及客户因此的付出（如价格、其他方面的牺牲）相联系（Woodruff，1997）。

Woodruff 较好地阐述了客户价值的概念，认为客户价值是消费者感受到的产品属性和产品功能的偏好和评价，以及通过使用这些产品，是否能够促进（或阻碍）消费者实现其使用意图。客户价值不仅考虑到消费者所获得的价值，也涉及消费者所感知的价值，还将客户的消费意图与产品的使用结果有机结合，强调价值源于客户习得的感知、偏好和评价。作者还基于客户价值的定义，对客户价值进行分类，提出客户价值的层级模型，如图 2-3 所示。

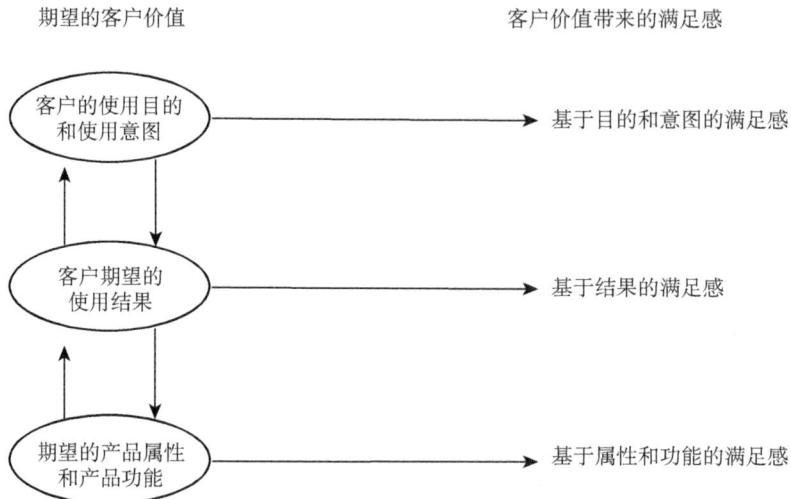

图 2-3　客户价值的层级模型

（资料来源：WOODRUFF R. Customer value：the next source for competitive advantage [J]. Journal of the academy of marketing science，1997，25（2）：139-153.）

其中，客户期望获得的客户价值可以分为 3 个层次，包括客户期望获得的产品属性和产品功能、客户期望的使用结果，以及客户的使用目的和使用意图。从最底层对产品属性和产品功能的需求出发，通过学习，客户对市场上所需产品和服务的期望上升到对产品整体实用性的需求，最终到客户购买产品所期望的使用目的和使用意图。消费者期望的不同层次客户价值，能够带来不同程度的满足感。对产品属性和产品功能的期望，仅能为消费者提供关于属性和功能方面的满足感。随着消费者期望的客户价值上升到对产品整体使用结果的需求，客户所获得的满足感也随之提高到基于产品和服务使用结果的满足。而当客户期望的价值上升到使用目的和使用意图层面，客户所获得的满足感最多，即基于使用目的和使用意图的满足感。

Haar 和 Kemp（2001）认为，客户价值是通过产品的供给提供给客户的价值，既包括产品的物质属性，也包括产品的非物质属性。客户价值是客户购买产品获得的收益与客户为之付出（如金钱、时间、努力等）之间的均衡。客户价值是一个动态概念，客户所感知的产品价值和服务价值随着时间的变化而变化。

基于 Zeitham（1988）的服务质量模型，Haar 和 Kemp（2001）从企业和客户两个角度出发，构建客户价值模型，如图 2-4 所示。在业务开发阶段，企业仅对想提供的客户价值有着模糊的认识。企业的认识基于企业所理解的客户需求，并受到企业战略、能力、资源等的影响。客户对于想获得的价值也有着模糊的认识，这些价值是有关产品功能、属性等一系列价值的集合。这两个价值之间存在一定的差距。通过市场环节，企业试图将其希望提供的价值与客户偏好和期望相匹配，以期提供能够满足客户需求的产品和服务。在业务开发阶段，企业设计出产品并将其引入市场，作者将企业设计的产品所蕴含的价值称为设计价值。由于技术限制、市场和产品开发沟通不畅等方面的原因，设计价值与企业想提供的价值可能不同，从而导致设计差距。而客户也基于产品性能，对产品价值做出适当的预期，从而形成客户的预期价值。由于市场上几乎没有产品能够完全满足客户的实际需求，因此客户的预期价值与客户想获得的价值也存在一个折中差距。因此，客户需要选择一个尽可能满足其需求的产品。折中差距越小，企业获得成功的可能性就越大。这里还存在感知差距，即企业设计好的价值与客户期望的价值之间的不匹配程度。经过采购和使用，客户对购买产品和服务获得的价值进行评价，这一评价的结果被称为获得的价值，其与期望的价值之间的差距称为满意差距。

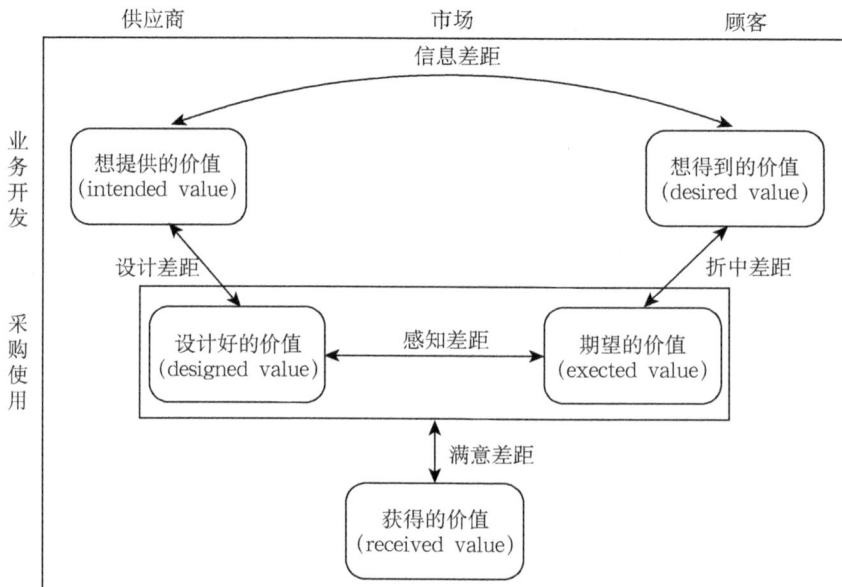

图 2-4　客户价值模型

（资料来源：VAN DER HAAR J，KEMP R，OMTA O. Creating value that cannot be copied [J].
Industrial marketing management，2001，30（8）：627–636.）

虽然学者试图从不同方面阐述客户价值，但本质上来说，基于马克思的劳动价值理论，我们可以将客户价值理解为商品的使用价值。两者均从商品的实用性出发，考虑其对消费者的有用性。商品的使用价值使得商品可以满足消费者的需求，从而能够在市场上销售出去。马克思也指出，物的有用性使得物成为使用价值，这种有用性取决于商品的属性。因此，从本质上说，商品的使用价值和客户价值是统一的。

2.2　企业能力理论

2.2.1　核心能力

企业的竞争优势（波特，1985）源自于企业有效整合并合理运用自身独特资源优势，构建企业核心竞争力，使企业获得创造更多社会财富的能力。通过对各种资源的优化配置，企业能够以较低的成本在市场上提供与竞争者相比有明显优势（价格优势、差异化产品、关注某一细分市场等）的产品，从而拥有某种特质的竞争优势。

　　长期以来，学术界提出了不同的观点，对企业竞争优势进行研究探讨。古典经济学和新古典经济学家主要关注人力资本、土地和自然资源，以及资本等企业资源与企业绩效的关系（Higgs，1904；Levine，1998）。资源基础理论（the resource-based view）主要关注企业的战略资源（Wernerfelt，1984；Rumelt，1984），认为企业竞争优势的基础，主要来自企业自然资源、能力、组织进程、企业属性、信息和知识等珍贵资源的合理应用。波特（1985）指出，产业结构是企业竞争战略的基础，并提供了识别3种建立企业可持续竞争优势的方法，包括成本领先、差异化战略、专业化。

　　同时，部分学者持有与企业资源基础理论类似的观点，即核心能力（core competencies）理论（Prahalad et al.，1990；Javidan，1998）。这一理论源于20世纪90年代，认为核心能力主要是企业如何协调各种优势资源和技术的能力，如图2-5所示。企业的发展由自身所拥有的与众不同的资源决定，企业需要围绕这些资源构建自身能力体系，以确立长期竞争优势。从这一观点来看，拥有不同优势资源的企业，将采用不同的发展战略以培育和维持自身的竞争优势。竞争优势的发展和维持，基于企业比竞争对手和模仿者更为有效地对资源

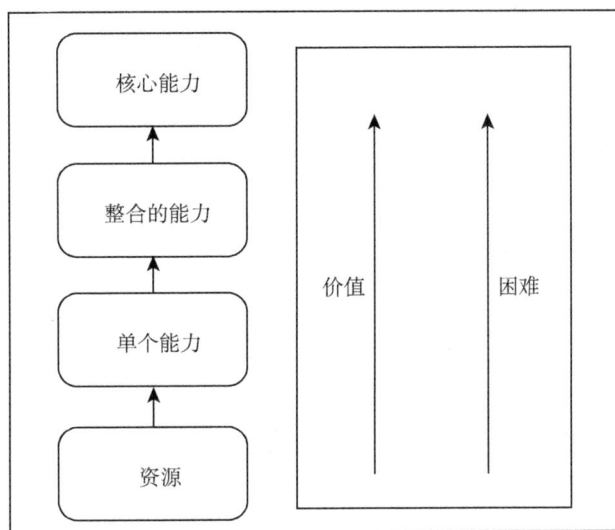

图2-5　企业核心能力

（资料来源：JAVIDAN M. Core competence：what does it mean in practice？ [J]. Long range planning，1998，31（1）：60-71.）

进行合理开发利用。此外，核心能力作为企业的独特资源能力，具有继承性、不明确性（Lippman et al.，1982）和路径依赖（Bartlett et al.，1986）等特征。

我国学者郭斌等（2003）基于核心能力理论，采用层次分析法、多元回归法及高标定位法等方法从企业战略能力、企业核心技术能力、企业市场化能力、企业组织能力和企业界面能力等 5 个方面建立了一套企业核心能力审计体系。随后，学术界又发展演化出一种新的企业核心能力观（core capabilities），将核心能力与企业战略进程紧密结合（Long et al.，1995），将企业的知识、技能、诀窍等其他企业无法获得的特有资源有机融入企业的战略进程中。这一战略进程主要是指，将企业优势资源传递到制造产品和服务的商业活动。企业资源在战略进程中的有机融合，逐渐形成了企业区别于其他竞争对手的核心能力，并为企业带来大量价值和财富。企业核心能力的形成是一个动态过程。

在核心能力建设初期，企业仅拥有必要的门槛能力（threshold capabilities），主要为支持企业生产经营活动的内部服务、必要的技术和系统。通过企业的发展，将企业门槛能力和企业特有资源进行有效结合，部分门槛能力逐渐发展演化为企业的特有能力，即企业的核心能力。企业发展出自己特有的技术和系统，以形成当前企业的竞争优势，并有可能成为企业潜在的未来优势资源，如图 2-6 所示。

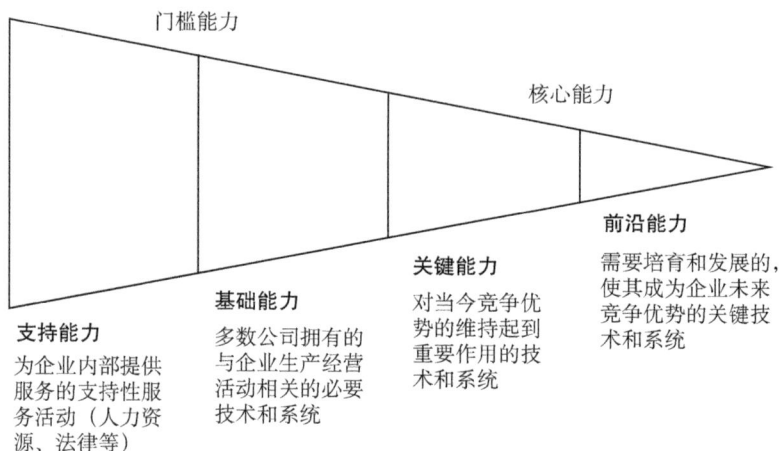

图 2-6　新的企业核心能力

（资料来源：LONG C，VICKERS-KOCH M. Using core capabilities to create competitive advantage [J]. Organizational dynamics，1995，24（1）：7-22.）

2.2.2　动态能力

在当前激烈竞争和快速变化的环境下，越来越多的外部环境变量被引入竞争优势的影响因素中。学者又提出了企业动态能力理论，用以描述企业合理运用现有资源以满足市场需求甚至创造新市场需求的过程，尤其是整合、重构、捕获及释放资源的过程。企业的动态能力（dynamic capabilities），指企业对内部和外部资源进行有效整合、建立和重构，从而获得在变化的环境下快速反应并有竞争优势的一种能力（Teece et al.，1997；Eisenhardt et al.，2000；Winter et al.，2002）。企业识别技术资源、资本资源、结构资源、制度资源、市场资源，以及其他附加资源，可以帮助企业财富创造和可持续竞争优势的维持。拥有动态能力的企业，能够在不同的市场环境下（例如新市场的出现、市场冲突、市场演化、市场的逐渐消亡等），成功进行新资源配置的组织路径和战略路径（Eisenhardt et al.，2000）。

Bitar 和 Somers（2004）认为，动态能力是企业开展的一系列技术、组织和管理过程，通过持续整合知识、发展组织能力，使企业获得可持续竞争优势。换句话说，动态能力是一个组织通过持续性学习，改善个体、组织和资源、技术、系统、结构、文化等环境因素，发展、保持、革新自身能力而建立起来的可持续竞争优势。动态能力和企业能力之间有着内在联系。企业通过原理知识（know-what）和事实知识（know-what）的学习，能够发现外界变化，发起某种变革，规划构想企业整体战略，并且执行变革和企业战略。随着企业动态能力的建立，企业能力也相应建立起来，通过积累的技能知识（know-how），以及技术、物质资源、人力资源等各种资源，为客户创造大量价值。如图 2-7 所示。

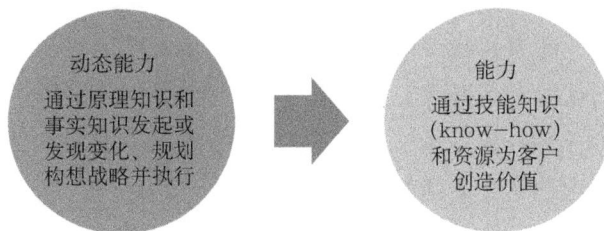

图 2-7　企业动态能力和能力关系

（资料来源：BITAR J，SOMERS W. A contingency view of dynamic capabilities[R].
Cahier de recherche N 1：05.）

创新能力作为动态能力的重要组成部分，受到学者的关注。目前，创新能力已经成为企业竞争优势的重要来源和学术研究的热点问题。创新能力是企业能力建设的关键，驱动着企业竞争优势的不断提升，是企业技术创新战略成功实现的关键因素和重要保障，并成为企业技术能提升的最有效的途径。Lall（1992）认为，创新能力是企业有效吸收、掌握并改进现有技术，进行新技术研发所必需的技能和知识；Petroni（1998）认为，创新能力是企业能力提升的基础；傅家骥（1999）认为，技术创新能力是企业技术能力的核心，企业技术能力的提高最终取决于企业技术创新能力的高低；Burgelman 和 Maidique（2004）认为，创新能力是组织开展并支撑组织技术创新战略的一系列特征的集合。Furman 等（2002）引入"国家创新能力"的概念，指作为政治和经济主体的国家在其创新基础上产生和商业化创新技术的能力。国家创新能力不仅涉及国家的技术先进性和人力资源，也包括私人部门和政府的投资及相关政策等。

2.3 创新理论

2.3.1 创新过程分析

创新概念的明晰，是深入理解创新过程的基础。在学术界，创新研究源于18 世纪。亚当·斯密在《国富论》[①]中就涉及科学研究的专业化分工，以及机械制造业与科学家之间的持续联系。马克思将创新视为超额利润的来源之一，并将技术创新看作经济发展与竞争的推动力。1912 年，约瑟夫·熊彼特在其代表性著作《经济发展理论》[②]中首次引入创新的概念，认为创新是企业家对于生产要素的新组合，创新就是"建立一种新的生产函数或供应函数，是在生产体系中引进一种生产要素和生产条件的新组合"。熊彼特强调创新属于经济范畴，不仅包括科学技术上的发明创造，更重要的是发明创造的商业化。在企业建立一种新生产能力，获得潜在利润，并推动社会经济的不断发展。

在熊彼特创新定义的基础上，一部分经济学家分别从不同角度对创新进行研究。Mansfield（1968）认为，技术创新是将新产品或新工艺首次引进市场的探索性活动，创新从企业的新产品构思开始，结束于新产品销售。Utterback（1974）认为，技术创新就是新技术的实际应用或首次应用，这是技术创新与

---

① 亚当·斯密 . 国民财富的性质和原因的研究 [M]. 北京：商务印书馆，1972.

② 约瑟夫·熊彼特 . 经济发展理论 [M]. 北京：商务印书馆，1990.

发明创造的显著区别。Freeman（1997）认为，技术创新是在第一次引进某项新产品、新工艺的过程中所开展的技术、设计、生产、管理、市场营销等活动，并将商业利润的实现，以及市场的建立、渗透或市场份额的扩大，作为技术创新成功的标志。1999年，中共中央、国务院召开了全国技术创新大会，发布了《关于加强技术创新，发展高科技，实现产业化的决定》，明确了技术创新的定义，认为"技术创新，是指企业应用创新的知识和新技术、新工艺，采用新的生产方式和经营管理模式，提高产品质量，开发生产新的产品，提供新的服务，占据市场并实现市场价值。企业是技术创新的主体。技术创新是发展高科技、实现产业化的重要前提。"傅家骥（1998）认为，技术创新是企业家抓住潜在市场机会，重新组织生产要素，采用效率更高成本更低的生产经营方法，推出新产品、新生产工艺、开辟新市场、获得新原材料、建立新组织等的活动，以获取商业利益。宋河发（2007）认为，创新是指人类在认识和改造客观世界和主观世界的实践中获得新知识、新方法的过程与结果，它包含科学发现和创造、技术发明和商业化或社会价值实现等一系列活动。

本质而言，创新活动是将科学、技术、市场需求等相关信息加工创造，转换为能够给消费者带来客户价值的产品和服务的过程。一般来说，创新过程分为3个阶段，包括知识的生产、知识在商品（制造产品、系统和服务）中的物化，以及商品与市场需求的持续匹配过程（Miles，2005）。

Utterback（1971）基于Estafen（1970）对公司技术创新边界的研究分析，从过程角度将创新定义为以新产品形式出现的发明在市场上的首次引入，或者新工艺在生产过程中的首次应用。这里的首次引入或首次应用，强调创新成果已经在市场上成功扩散能够形成一定经济规模，而不仅是指新产品和新工艺在特定的市场和特定的生产过程中被采用。基于对创新的理解，Utterback引入三阶段技术创新过程模型，包括：①新思维的产生；②问题的解决；③执行和扩散。前两个阶段的活动导致发明的出现，最后一个阶段的活动则导致了创新过程的完成，如图2-8所示。

技术创新过程受到政治、社会、文化等外部环境的影响。Utterback认为主要有两类外部环境因素，对企业层面的技术创新过程产生重要影响。一是当前技术知识形态，包括所有技术信息和知识来源，如出版物、培训、当前技术和设备发展现状等，这些技术和知识随着时间不断发展演化。二是技术和工艺在当前经济社会的应用，导致企业重新识别市场机会，深入理解消费者对新产品和新工艺的需求。

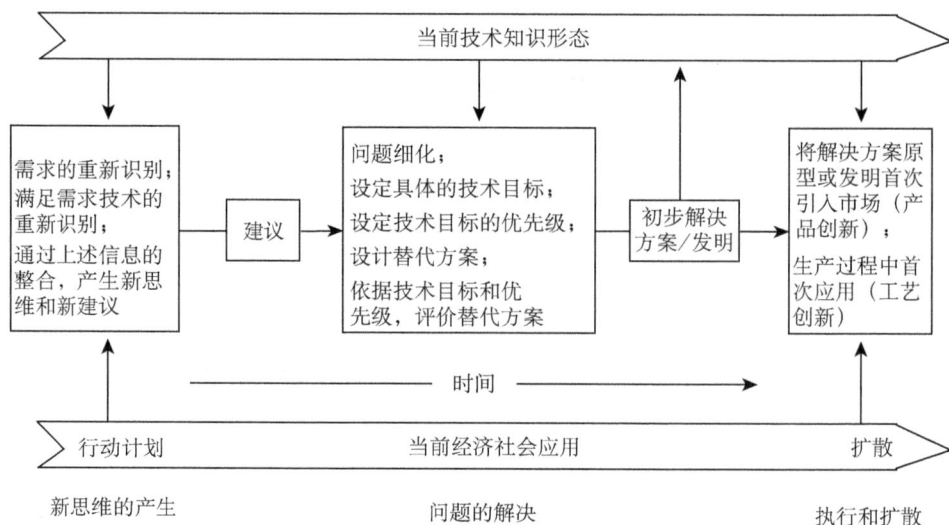

图 2-8 技术创新过程

（资料来源：UTTERBACK J. The process of technological innovation within the firm [J]. The academy of management journal，1971，14（1）：75-88.）

企业内部的技术创新过程分为 3 个阶段。在第一阶段，通过对需求和满足需求技术的重新识别，新思维以正式或非正式提议的形式产生。在这一阶段，企业依靠获得的外部经济和技术信息，发现那些还未被满足的市场需求，寻找可能的技术解决方案，并将其有机整合，形成技术创新的新思维。新思维产生后，企业技术创新过程进入问题解决的第二阶段。这一阶段包括如下方面：

①将问题细化为不同的小问题；

②为每个细化的问题制定具体的技术目标和评价标准；

③确定每个技术目标优先级，可以仅用"主要的"和"次要的"等进行优先级确定；

④设计可替代的解决方案；

⑤采用第二步建立的评价标准，对每个替代方案进行评价。

解决方案形成后，企业技术创新过程进入最后的执行和扩散阶段。在这一阶段，实施活动包括生产、工程化、加工、成立新工厂等必要活动，以将第二阶段产生的解决方案首次应用于企业的生产经营活动（如新工艺），或首次引入市场（如新产品）。内部的创新活动基本结束，测试、客户接受度、沟通、扩散传播等外部活动成为创新过程的主要活动，影响改变着当前社会经济和技术形态。

Utterback 和 Abernathy（1975）具体分析了产品创新和工艺创新的持续性创新过程，并基于企业发展阶段和产品生命周期，将产品创新和工艺创新的发展过程分为不稳定阶段、过渡阶段和稳定阶段等 3 个阶段，如图 2-9 所示。在不稳定阶段，企业主要关注产品创新活动，市场上主导设计还未出现，与产品相关的创新和改进活动十分活跃，产品功能有待开发完善。由于产品主导设计还未形成，工艺创新在这一阶段不太活跃。在过渡阶段，经过市场与企业的双向筛选，产品主导设计逐渐形成，产品创新活跃性降低，主要开展围绕主导产品的渐进性改进活动。大规模生产以降低产品成本为主要任务，企业创新的重点逐渐向工艺创新转移。随着产品技术和工艺技术日趋完善，市场需求稳定，规模效应为企业带来巨大经济收益。在这一阶段，由于产品工艺技术的相对成熟，产品创新和工艺创新活动不活跃，且由于受到核心能力等因素影响，会对突破性创新活动产生一定的抵制情绪。

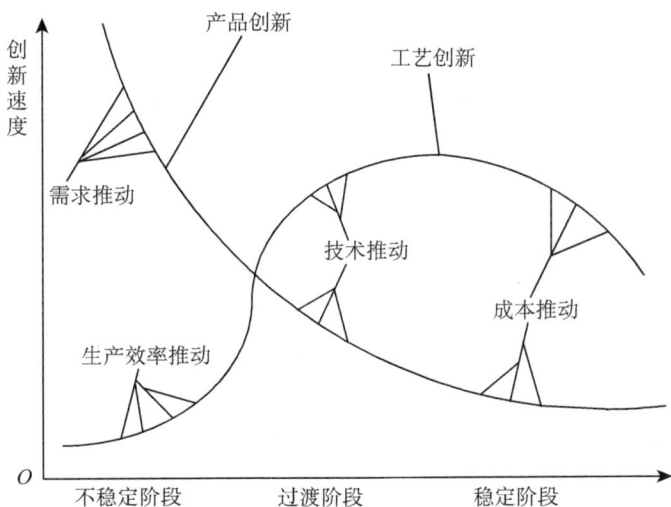

图 2-9　Abernathy-Utterback 创新模型

（资料来源：UTTERBACK J，ABERNATHY W. A dynamic model of process and product innovation [J]. Omega，1975，3（6）：639-659.）

2.3.2 创新过程模型

技术创新过程模型经历了 5 个阶段的发展演化。人们早期对技术创新过程的认识，停留在科学技术推动和市场需求拉动等简单模式，如图 2-10 所示。第一代科技推动线性模型认为，研究开发活动是技术创新的源泉，技术创新活动从科学技术研究开发开始，通过设计和工程化、生产制造等一系列活动，创造出新产品，并通过市场营销等推广活动在市场上销售。第二代需求拉动线性模型认为，需求是导致创新活动发生最主要的原因。需求拉动线性模型强调市场需求是企业研究开发和创新活动的源泉，技术创新是市场需求引发的结果。市场需求导致企业开展研究开发活动，并将研发成果投入生产，最终在市场上销售，以满足市场需求。然而，前两代技术创新过程模型仅单纯地将技术创新活动的源泉简单归结为科学技术或市场需求因素，不能真正反映企业技术创新过程的本质。

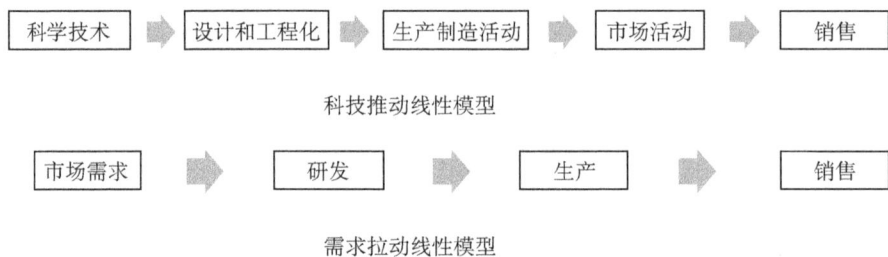

图 2-10 科学推动和需求拉动创新线性模型

（资料来源：CANTISANI A. Technological innovation processes revisited [J]. Technovation，2006，26（11）：1294-1301.）

第三代技术创新过程模型包括市场与技术耦合模型（coupling innovation process）和技术创新的链式模型（chain-linked model）。市场与技术耦合模型源于 20 世纪七八十年代，由 Cooper（1984）、Rothwell 和 Zegveld（1985）等学者提出，如图 2-11 所示。该模型强调市场需求与技术的耦合作用，认为新思维的产生由新需求和新技术相互作用共同引发。新思维产生后，企业开展了设计、研究开发、原型生产、大规模制造、市场和销售等活动，将新产品推向市场，获得市场领先地位。此外，企业的一系列创新活动，会根据社会需求和市场需求的变化做出调整，同时也受当前技术现状与生产水平的制约。

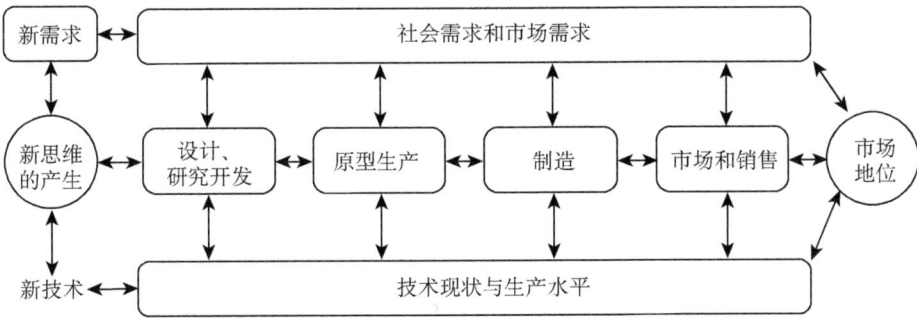

图 2-11　市场与技术耦合的技术创新过程模型

（资料来源：DODGSON M，ROTHWELL R. The handbook of industrial innovation [M].
Cheltenham：Edward Elgar Publishing，1994.）

Kline 和 Rosenberg（1986）提出的链式模型，强调创新各个环节的反馈机制，以及研究开发活动和知识基础与企业创新活动的互动，如图 2-12 所示。链式模型认为企业的技术创新过程始于潜在的市场需求，企业根据潜在需求开

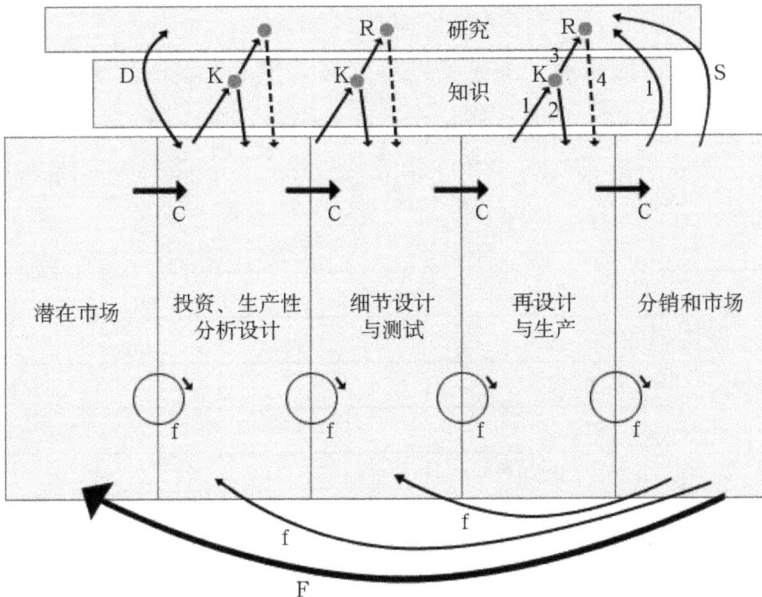

图 2-12　技术创新的链式模型

注：f 为反馈路径；F 为最重要的反馈路径；D 为开发；K 为知识；R 为研究；C 为核心创新链。
（资料来源：KLINE S，ROSENBERG N. An overview of innovation. in the positive sum strategy：Harnessing
technology for economic growth [M]. Washington DC：National Academies Press，1986，275-306.）

展投资及生产性分析设计，并开展细节设计与测试、再设计与生产、分销和市场活动等，从而完成企业主要的技术创新活动链。企业的技术创新过程充满了反馈，后一阶段的信息会及时反馈到前一阶段，修正企业创新活动，确保企业技术创新的成功。在这里，最重要的反馈路径是分销和市场带来的企业判断潜在市场需求的反馈信息，其影响着企业下一步技术创新活动的方向。此外，企业技术创新过程受到外部研究开发活动影响，而企业的技术创新也反过来影响着外部研究开发活动的开展。社会上的知识存量也与外部研究开发活动和企业技术创新活动存在着互动与交流。

20 世纪 80 年代后期出现的功能一体化技术创新过程模型（functional integration innovation process），被称为第四代技术创新过程模型（Imai et al.，1985），如图 2-13 所示。功能一体化技术创新过程模型从新产品设计开发（new product design and development，NPDP）的总体流程出发，将企业的技术创新看作是从市场开始，经过研究开发、产品开发、产品工程化、零部件制造（供应商）和生产制造的一体化过程。这一模型将企业的各种功能和不同领域的专家知识进行有机整合，以缩短新产品研发周期。

20 世纪 90 年代初期，随着新经济的蓬勃发展，企业原有的封闭结构被打破，技术创新过程成为开放性活动，涉及用户、供应商、高校、科研院所、政府、竞争对手等外部行为主体，第五代技术创新模型——系统集成及网络

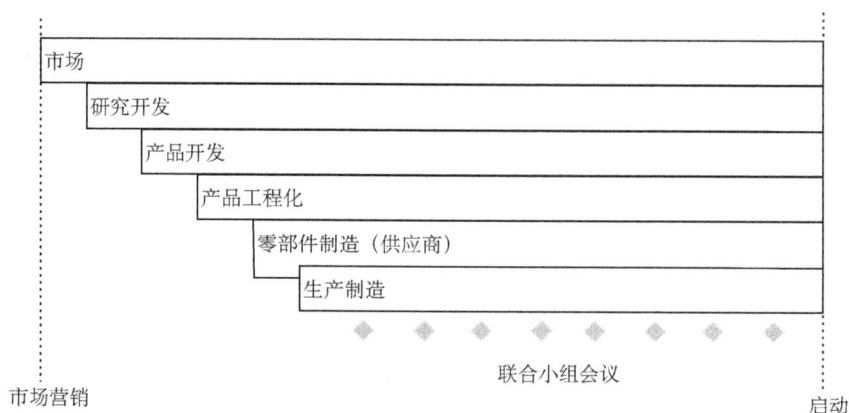

图 2-13　功能一体化技术创新过程模型

（资料来源：DODGSON M，ROTHWELL R. The handbook of industrial innovation [M]. Cheltenham：Edward Elgar Publishing，1994.）

化模型（systems integration and networking，SIN）随之出现。系统集成及网络化模型强调企业内部集成和外部网络，强调技术创新各参与主体的重要作用，以及人力资源在技术创新过程中的重要作用。基于系统集成及网络化模型，部分学者提出创新系统模型（systems of innovation，SI），从系统视角出发，将企业的创新活动看作企业与消费者、供应商、竞争者、政府、学术界相互作用的有机网络，强调网络和外部协作。Edquist（1997）认为，创新系统涉及所有影响企业研究开发、扩散等创新活动的经济、社会、政治、组织、制度等因素。创新系统可以从宏观和中观层次进行研究，分别为国家创新系统（Freeman，1987；Lundvall，1992；Nelson，1993）、区域创新系统（Cooke et al.，1997；Asheim et al.，2002），以及行业创新系统（Breschi et al.，1997）。

然而，受到制造业大发展和技术主导创新活动等时代背景的约束，学术界对创新过程的分析探讨主要关注技术创新活动，较少涉及服务创新活动。目前，针对服务创新过程的研究较少，理论分析框架还没有建立。因此，本章将综合创新理论、价值理论和企业能力理论，构建服务创新过程分析的理论框架，为后续分析奠定理论基础。

2.4 论文理论基础

2.4.1 创新的本质

企业开展创新活动，是为了创造更多的客户价值，建立企业竞争优势，从而获得持久的高额利润来源。为获得竞争优势，企业开展一系列创新活动，以降低产品成本，同时创造更多客户价值。当企业开展的创新活动对成本结构和客户价值都产生正面的积极影响时，企业打破了客户价值与成本之间的权衡取舍，企业产品能更好地适应市场需求，创造更多新增价值。这些创新活动一方面使消费者获得更多的消费者剩余；另一方面为企业带来更多超额利润，同时也为企业竞争优势的建立提供保障。

根据马克思主义劳动价值理论，商品的价格由商品的价值决定，围绕商品价值上下波动。企业开展创新活动，能够丰富产品和服务的功能和属性，赋予产品更多的客户价值。结合消费者效用理论，当消费者购买商品实际支付的价格低于预期的心理价格，即低于消费者愿意支付的价格，消费者感觉获得的总效用高于愿意为其支付的货币数量带来的总效用，消费者从商品的购买活动中获得额外的满足，即获得一定量的消费者剩余。换句话说，消费者消费一定量的该商品获得的客户价值，高于一定量的该商品带来的社会平均价值。由于创新活动的开展，消费者的客户价值为：

$$CV_i(I) = f(I) 。 \tag{2-10}$$

其中，CV_i 为单位商品带来的客户价值，I 为企业开展创新活动的数量。消费者的客户价值曲线如图 2-14 所示。

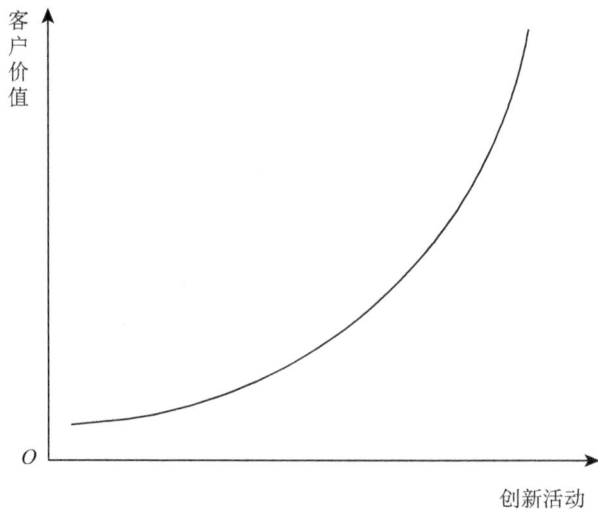

图 2-14　客户价值曲线

从生产者角度来看，企业引入的创新活动能够提高生产效率，使企业生产产品的简单劳动转化为自发的复杂劳动，减少企业生产商品的必要劳动时间。由于企业生产商品的个别劳动时间低于社会平均劳动时间，企业可以根据该商品社会平均价值所决定的价格，将商品在市场上出售。由于企业生产该商品的个别价值低于社会平均价值，企业可以获得超过市场平均利润的超额利润。企业开展创新活动，商品的个别价值为：

$$FV_i(I) = g(I) 。 \tag{2-11}$$

其中，FV_i 为企业生产该商品的个别价值，I 为企业开展创新活动的数量。企业的个别价值曲线如图 2-15 所示。

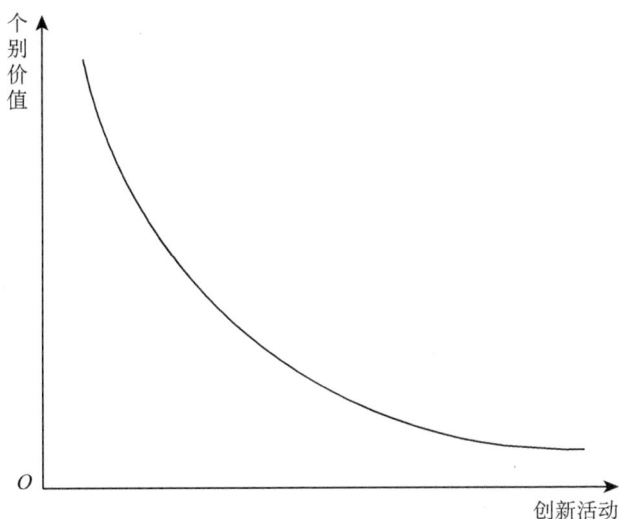

图 2-15　商品个别价值曲线

　　创新活动一方面确保企业能够把商品以低于其社会价值的价格出售，但这一价格高于企业生产该商品的个别价值，从而为企业带来的超额利润；另一方面确保消费者支付同样的价格，能够获得更多的客户价值。在一定的购买数量下，消费者获得的消费者剩余和企业开展创新活动获得的超额利润分别为：

$$SV_i(Q) = CV_i(I) - MV_i, \qquad (2\text{-}12)$$

$$R_i(Q) = MV_i - FV_i(I)。 \qquad (2\text{-}13)$$

其中，SV_i 为客户获得的消费者剩余，R_i 为企业 i 获得的超额利润，MV_i 为该商品的社会平均价值，Q 为商品的数量，I 为企业开展创新活动的数量。假设商品的社会平均价值 MV_i 为一定值，则通过开展技术创新活动，企业获得的超额利润和客户获得的消费者剩余，如图 2-16 所示。

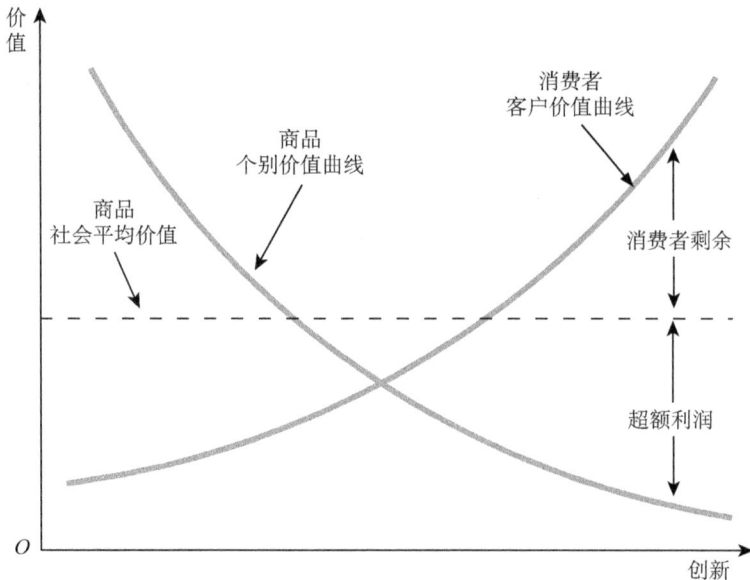

图 2-16　创新与客户价值和超额利润

2.4.2　基于服务创新的制造业企业超额利润实现

从企业角度出发，制造业企业的服务创新过程，本质上是制造业企业超额利润的创造过程。服务创新活动将蕴含在创新物质资源中的价值转化为服务创新商品的价值，将员工的创造性劳动物化为服务创新商品的新价值，赋予服务创新商品更多的客户价值。服务创新增加了企业产品和服务的功能和特性，使企业能够以高于该商品个别价值的价格将服务创新商品在市场上销售，从而获得高于市场平均利润的超额利润，如图 2-17 所示。

经济全球化促使制造业企业生产经营活动在全球优化，地域优势条件淡化，人力成本、自然资源条件、本地市场、上游供应商关系、进口原材料成本等资源优势逐渐丧失，企业竞相压低制造产品价格，行业平均利润日趋微薄，企业超额利润逐渐消失，基于低成本的竞争优势难以为继。竞争压力一方面迫使企业寻求技术创新和技术突破，以求在产品质量和功能上出奇制胜；另一方面迫使企业开展服务创新活动，通过提升服务品质、转换商业模式等方式，在原有制造产品基础上增加其客户价值，发掘未被满足的客户潜在需求，并通过提供新服务和新解决方案等形式予以满足。

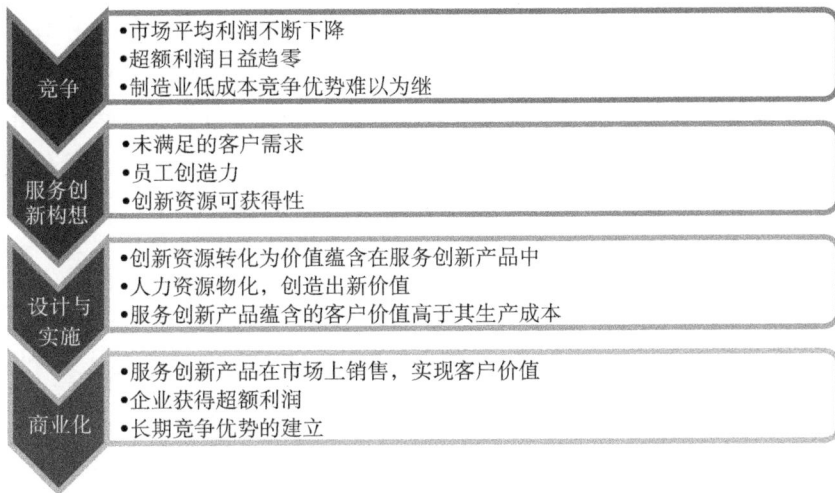

图 2-17　基于服务创新的制造业企业超额利润创造过程

在竞争压力下决定开展服务创新活动的制造业企业，为获得超过市场平均利润的超额利润，充分发掘市场上未被满足的客户需求，利用员工的智力资本，同时考虑到企业各种创新资源的可获得性，提出服务创新的新构想。这一环节中最重要的决定因素是未被满足的客户需求。在制造业企业，随着制造产品的相对成熟，市场上充满大量同质商品，企业仅获得市场平均利润。为获得超额利润，企业需要充分了解市场上客户的真正需求，将同质产品转化为更为贴近市场和多样化客户需求的整体解决方案。因此，未被满足的客户需求成为制造业企业服务创新构想的关键来源。企业员工在服务创新构想的产生中，也发挥着重要的创造性作用。客户需求的感知大部分要靠企业员工的敏锐捕捉，尤其是市场和销售环节员工。此外，企业服务创新构想必须结合企业可获得的创新资源进行调整，缺少企业资源支持的构想难以实现，也很难在市场上获得成功。

当服务创新构想在制造业企业产生后，制造业企业内部开展相关设计与实施活动，基于服务创新的客户价值增值及超额利润创造过程开始启动。企业将资金、自然资源、原材料、半成品等物质形态创新资源及网络等非物质形态创新资源所蕴含的价值，通过员工的创造性劳动转移到服务创新商品中；同时，员工的创造性劳动本身就创造了新价值，蕴含在服务创新商品中。这一环节是制造业企业服务创新商品价值和客户价值的形成阶段，也是企业超额利润的创造阶段。由于服务创新活动的引入，以整体解决方案、新的商业模式等形式出现的服务创新商品所蕴含的客户价值远高于制造过程中消耗的物质资源和人力资源的价值，而企业生产这些产品和服务的个别价值又低于市场上的社会平均价值，从而实现企业服务创新商品的价值增值和企业超额利润的出现。

服务创新商品需要在市场上进行商业化活动，才能真正实现所蕴含的客户价值，使企业真正获得超额利润，同时建立起企业的竞争优势。从竞争的角度来说，价值和客户价值实现的前提是，消费者愿意为企业提供的产品和服务支付一定的价格。当市场接受蕴含大量客户价值的服务创新商品，企业才能够以高于个别价值的社会平均价值将服务创新商品出售，企业的超额利润得以实现。因此，商业化环节是制造业企业基于服务创新的超额利润实现的关键环节。而企业超额利润的实现过程，意味着企业有能力通过服务创新活动获得高于竞争对手的利润，也是企业核心竞争优势的形成过程。

由此可见，从制造业企业角度来看，服务创新过程本质上是企业超额利润的形成过程。企业将市场上未被满足的客户需求及其他相关信息、企业物质形态的创新资源、人力资源、网络等有机整合，创造出能够被市场上消费者接受的、高于服务创新商品成本的价值和客户价值，从而获得大量超额利润。

2.4.3 基于服务创新的消费者剩余实现

从消费者的角度来看，制造业企业的服务创新过程是消费者潜在需求得到满足，并实现消费者剩余的客户价值创造过程。消费者依据自身需求和对市场上产品及服务的期望，对市场上现有商品（包括产品和服务）进行筛选，选择那些与客户期望价值相差最小的商品，完成购买行为，获得生理上和心理上的满足感。消费者的需求和选择，是制造业企业服务创新活动的重要来源，能激发企业服务创新灵感和新思维，驱动制造业企业不断开展服务创新活动，以满足消费者需求，同时获得较多的超额利润。在这一过程中，消费者获得了高于实际支付货币价值的那部分客户价值，消费者剩余得以实现，如图 2-18 所示。

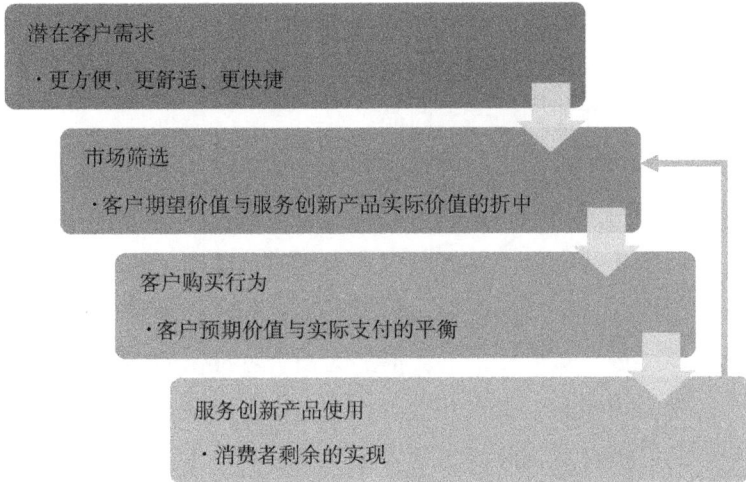

图 2-18 基于服务创新的消费者剩余实现过程

在市场上，消费者的需求丰富、复杂、多变。随着商品市场的日益丰富和科学技术的不断发展，消费者需求层次不断提升。这一现象可以用马斯洛提出的消费者需求理论解释，当消费者较低层次的需求得到满足后，较高层次的需求才能成为新的刺激因素。社会化大生产使得商品市场由卖方市场转向买方市场，消费者对商品的便利性、舒适度、快捷性等方面有着进一步的需求，要求商品提供更多的客户价值。此外，消费者能够获得的相关信息日益丰富，更为注重商品的价值导向，强调理智消费和物有所值。

未被满足的潜在需求引导消费者在市场上对商品进行筛选，选择能够最大限度提供客户价值的商品。消费者的筛选过程，包括价值认知、信息搜集、购买方案评估等过程。首先，消费者对期望的价值与市场上商品能够提供的客户价值进行对比，获得市场上商品提供的实际客户价值与消费者期望价值的落差。消费者的价值认知受到多种因素的影响，如消费者以往经验、消费者消费特征、消费动机、社会阶层、文化，以及周围相关群体等。其次，消费者对不同品牌的商品进行信息搜集工作，通过促销、广告等大众传媒和亲朋好友介绍等途径获得对不同商品的初步评价。根据搜集到的信息，并基于消费者实际需求，在充分考虑商品价格、质量、品牌、声誉、实际提供的客户价值等因素的前提下，消费者对各种购买方案进行评估。在对各种方案评估后，消费者最终对预期价值和商品实际提供的客户价值进行折中，做出购买决定。一般来说，在相同或类似的价格下，服务创新商品能够提供比同类型产品更多的功能、更高的质量、更好的服务，以及更多的舒适感和适用性，在市场上提供更多的客户价值，因此消费者的购买决策往往倾向这类商品。

当消费者做出购买决定后，实际的购买行为发生。消费者支付一定数量的货币，以获得凝结在商品中的客户价值。一般来说，只有在消费者主观认为其支付的货币价值低于从商品中获得的客户价值时，消费行为才能发生。这一环节是客户预期价值与客户实际支付之间的平衡。购买行为发生后，消费者通过使用，对购买商品进行事后评估。当商品为消费者提供的实际效果和客户价值达到或超过消费者期望时，消费者生理上和心理上的满足感增加。消费者实际感知的客户价值和消费者实际支付的货币价值之间产生一定的差值，即消费者剩余产生。消费者剩余促使消费者对该商品的消费需求增加，从而进一步强化了消费者对该服务创新商品的购买决策。

从消费者的角度来看，制造业企业的服务创新过程本质上是消费者的潜在需求得到满足，并实现消费者剩余的客户价值创造过程。消费者的消费需求通过在市场上对服务创新商品的筛选过程和购买行为得到实现，由于服务创新活动赋予商品更多的价值和客户价值，消费者同时获得高于其货币支付价值的客户价值，从而实现消费者剩余。

第三章
制造业企业服务创新过程研究

　　虽然学术界对服务创新相关研究日益关注，但较少涉及对服务创新过程的探讨。目前，制造业企业服务创新过程还不明确。制造业企业服务创新的主要特征、核心驱动力、运行机制等还没有明确的答案。本章试图对上述问题进行分析探讨，以期对制造业企业服务创新过程有一定了解。

3.1　制造业企业服务创新主要特征

　　制造业企业的服务创新活动，已经从被动服务向主动服务转变，从单纯问题导向的功能性服务向心理性服务领域延伸，从单项服务向集成服务扩展，以更好地满足市场需求，创造更多客户价值。与其他创新活动相比，制造业企业的服务创新活动有其独有特征，如核心内容无形性、知识技术密集性、服务创新成果难以保护性、品牌锁定性、时效性等特征。这些特征决定了制造业企业的服务创新活动是需求导向的创新活动，主要围绕需求展开，并同时受到技术等因素的影响。

　　服务创新成果具有无形性特征。服务创新成果多以"解决方案/服务包"的形式出现，是新思维、新概念、信息、方法，以及必要制造业产品的集合，核心内容是无形的。例如，在市场上以行业解决方案形式出现的制造业企业服务创新成果，通常没有清晰的物理形态。制造业企业服务创新的无形性，主要指服务创新成果的核心内容是无形的，而不仅局限于是否有具体的实物形态。服务创新成果可以以物质形态存在，如存放在光盘里的新软件、纸质版的咨询报告和审计报告，以及信用卡等。然而，这些光盘、纸张等仅作为服务创新成果的载体而存在，以便于服务创新成果的传递和存储。离开了内化的新思维、新概念、新方法等核心内容，它们本身不具有任何意义。

　　制造业企业的服务创新活动多为知识技术密集型创新活动，其成功实现离不开科学技术的支持。中高技术制造业企业的服务创新活动，往往围绕企业产品开展新商业模式和新服务形式，本身就是先进科学技术的有效整合；低技术制造业企业的服务创新活动，也多数集中在提供新服务以增加企业原有产品的技术密集度，为客户提供高附加值的新产品和新服务；部分企业开展的解决方案等服务创新活动，本身就是先进科学技术的有效整合。此外，科学技术的发展及其在人民生产生活中的大量应用，也从一定程度上增加了服务创新活动的科技密集度。例如，基因技术和生物技术等的发展，导致大量服务创新活动在医疗和生物制造业企业开展。值得指出的是，制造业企业服务创新活动的知识技术密集性特征的形成，其主要原因是大部分服务创新活动的开展以知识技术密集型制造业产品作为媒介或重要工具。服务创新首要关注点仍然是创新活动中的非技术部分，如新思想、新商业模式，以及新解决方案的提供等，技术只是实现服务创新的重要条件和保障。

服务创新成果的无形性特征，决定其难以通过传统知识产权保护手段获得有效保护。我国传统的知识产权保护方法包括专利、商标、著作权、集成电路布图设计等，保护对象主要是能够物化的有形创新成果。制造业企业服务创新具有知识技术密集性特征，技术是服务创新活动成功实现的重要条件和有力保障，这些先进技术能够通过专利等得到一定程度的保护，一定程度上阻止竞争对手对服务创新成果的模仿。然而，服务创新成果的核心是新思维、新概念、新方法等无形资产，创新的难点在于这些新思维和新方法如何产生，其实现过程相对较为容易。这些特点决定了服务创新成果很难通过传统知识产权保护途径得到有效保护，同时又易于被竞争对手模仿甚至超越。

制造业企业的服务创新还具有品牌锁定特征。所谓品牌锁定，是指客户一旦选择某项产品或服务，将长期锁定该品牌的产品和服务，相关升级换代均使用该品牌产品。例如，市场上有 A、B、C 3 个品牌，客户一旦选定品牌 A，则后续的产品服务升级代换将仅限于该品牌产品。制造业企业服务创新的品牌锁定，主要由不同品牌间较高的转换成本造成。制造业企业服务创新成果多为行业解决方案，是一个整合硬件、软件、支持服务、增值服务等的服务包。客户一旦选择某一品牌的服务创新成果，第一次投入将变成客户的沉没成本[①]，

---

① 沉没成本（sunk cost）指决策已经付出且不可收回的成本。

后续软硬件和相关服务升级只能使用该品牌产品。一旦客户想转换品牌，之前的投入将无法发生作用。

制造业企业服务创新的难以保护性和品牌锁定性，决定了服务创新的时效性特征。服务创新的时效性指服务创新成果必须尽快在市场上商业化。由于服务创新难以得到有效保护，较易为对手模仿，使得制造业企业的服务创新必须尽快商业化，在市场上建立先发优势，获得高于其他产品和服务的创新收益，为企业带来超额利润。品牌锁定性强调市场上品牌和声誉的重要性，最先向客户提供服务创新成果的企业，往往容易树立企业品牌，在消费者中形成良好声誉，促进消费者对企业品牌的锁定。

制造业企业服务创新无形性、难以保护性、品牌锁定性、时效性等特征，决定了服务创新活动的开展必须面向市场上多样化的客户需求。所以，与其他类型创新活动相比，服务创新活动有着较高的客户参与度。时效性决定了服务创新活动必须是客户需求导向，如果服务创新成果不能很好地满足市场上的多样化需求，就无法在较短时期实现商业化，既为竞争对手提供一定的模仿时间，又使得企业服务创新成果的品牌锁定效应无法建立。此外，客户需求的多样性也是服务创新活动存在的基础。服务创新活动的引入主要是为了更好地满足市场上不同的客户需求，从而创造更多的客户价值，并为企业带来超额利润。如果市场上的需求为同质产品，企业只需提供基本的维修等售后服务，服务创新没有存在的必要。因此，服务创新活动的客户参与程度远高于其他创新活动，并且生产者、消费者之间的关系更为亲密。客户参与度随着企业服务创新活动的变化而变化。在一些服务创新活动中，客户只是通过企业反馈机制被动参与。而在另外一些服务创新活动中，客户积极主动参与。例如，以行业解决方案形式存在的服务创新成果需要深入客户内部发现问题，离不开客户的紧密参与。而还有部分服务创新活动是以消费者自助服务的形式开展，完全依赖客户参与才能顺利进行。

3.2　制造业企业服务创新核心驱动力

制造业企业开展服务创新活动，既受到外部压力的推动，也受到企业自身价值创造的驱动。总的来说，制造业企业服务创新的驱动力，主要包括日益激烈的竞争、技术进步，以及不断变化的客户需求等，其本质和关键是多样化的客户需求，如图 3-1 所示。激烈的竞争导致制造产品的利润空间不断压缩，迫使制造业企业关注市场上的客户需求，根据需求调整产品结构，开展服务创新，提供高附加值的解决方案以满足消费者的多样化需求。技术进步一方面是客户多样化消费需求的基础；另一方面确保企业能够提供相应的服务创新活动，满足客户需求。因此，日益激烈的竞争、技术进步和不断变化的客户需求，驱使制造业企业纷纷开展服务创新活动以提供高附加值解决方案，更好地满足市场上多样化消费需求，同时获得大量超额利润。

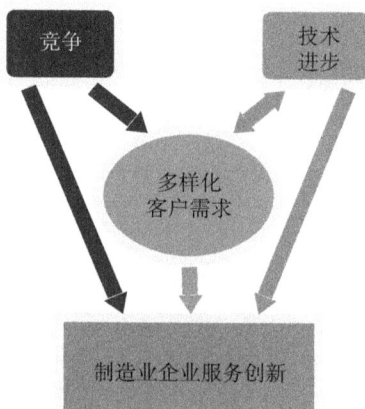

图 3-1　制造业企业服务创新核心驱动力

（1）竞争

当前，制造业企业面临日益严峻的激烈竞争。一方面，随着科学技术不断进步，先进技术在全球企业扩散速度加快，研究开发的技术门槛不断降低，通过技术创新活动实现企业产品的突破性创新已经变得十分困难，创新成本也不断上升。此外，互联网和科技经济全球化导致企业突破性技术变革通常在较短时间被竞争对手复制、模仿或超越，技术创新风险不断提高。这些因素在一定程度上导致了制造产品的同质化。制造产品的同质化导致企业只能以社会平均价值决定的价格在市场上销售产品，无法获得高于市场平均利润的超额利润。另一方面，制造产品的同质化迫使企业纷纷采用降低产品售价的方式吸引客户，从而建立基于低成本的竞争优势。价格战在制造产品市场上愈演愈烈，制造业企业盈利空间大幅压缩，利润率不断下降。例如，2009 中国制造业企业 500

强收入利润率为 3.22%，比上年降低 1.78 个百分点；净资产收益率为 9.82%，比上年降低 5.67 个百分点。①

　　在我国，制造业企业技术水平相对较低。在大部分制造业行业，企业多从事加工制造活动。然而，生产制造环节进入门槛较低，相对成熟的技术已经被多数制造业企业掌握，竞争的核心要素取决于生产成本的高低。较低的技术门槛导致制造业的竞争压力主要集中在生产环节，而上游设计研发和下游市场销售等环节承受压力较小，如图 3-2 所示。在这种情况下，我国制造业企业只能采用价格战略，借助本国廉价劳动力等成本优势，利用廉价产品占领国际市场。制造业企业拼命压缩生产制造利润空间，导致该环节竞争日趋激烈，超额利润完全丧失，社会平均利润持续下降甚至达到无法维持企业正常生产经营的地步，竞争呈白热化状态，企业随时面临破产的风险。

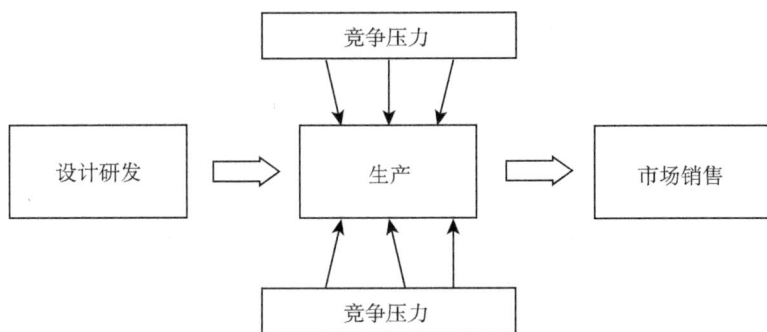

图 3-2　制造业企业竞争压力

（资料来源：MORRIS M. A handbook for value chain research [R]. Report prepared for IDRC，2001.）

　　竞争压力一方面迫使企业开始关注市场上差异化的客户需求，试图通过提供差异化产品和增值服务，增加产品性能，满足市场需求，提升产品价值，从而获得高于市场平均利润的超额利润；另一方面导致制造业企业通过增加服务活动和服务创新，向设计研发和市场销售环节转移。在竞争的驱动下，制造业企业开始引入服务创新活动，提供解决方案等创新成果，既增加了企业产品和

① 中国企业联合会，中国企业家协会课题组 . 2009 中国大企业发展的趋势、问题和建议 [EB/OL]. [2020-08-10]. http：//www.cec-ceda.org.cn/c500/chinese/content.php？ id=100&t_id=1.

服务的客户价值，满足了客户的多样化需求，使客户获得高于其实际支付货币价值的客户价值，消费者剩余得以实现；又产生创新租，为企业带来高于服务创新成果社会平均利润的利润，企业超额利润得以实现。

（2）技术进步

技术进步深刻地改变了人类社会的生产经营方式，极大地推动了制造业企业的服务创新活动。制造业企业大部分服务创新活动为知识密集型活动，硬件产品通常作为服务创新的媒介或重要工具，科技进步和技术创新既促进了新思维和新方法的产生，又确保了新思维和新方法的实现，从而推动制造业企业的服务创新活动的持续进行。Barras（1986，1990）发展了三阶段的"逆向产品生命周期"模型，描述了技术进步在服务创新中的重要作用。该模型指出，在服务创新生命周期的第一阶段，新技术的出现和应用极大改善了服务产品的生产效率，降低了成本；在第二阶段，技术应用主要用于改进服务创新工艺，从而显著提高服务创新商品的质量；在第三阶段，新技术应用导致突破性服务创新活动，推动了企业服务创新整体进程。此外，在满足人们现有物质、精神需求的同时，技术进步及其在人民生产生活领域的快速渗透，促使市场上出现更为高级的客户需求。例如在早期，客户可能仅希望降低产品操作复杂性、增加产品舒适程度等，而随着科学技术的发展，客户需求全方位的服务以实现人工智能。技术进步促使客户需求不断演化并呈多元化发展态势，也促使制造业企业开展服务创新活动，以创造更多客户价值，实现企业的超额利润。

技术进步和科学技术全球化，推动制造业企业将广泛应用的新科技与多样化并且不断发展演化的市场需求有机结合，形成新服务、新商业模式、新解决方案等服务创新成果，为制造业企业带来高于市场平均收益的高额服务创新利润，实现企业的超额利润。在高利润和技术进步的推动下，制造业企业发起更为深远的服务创新活动，以获得更多收益。

（3）客户需求

当今社会，客户对服务的需求日益增多。这并不意味着消费者对制造产品的需求减少，而是指他们需要更多的服务丰富制造产品的功能，从而以最小的投入获得最大的收益。2007年消费电子类产品消费者调研显示，82%的消费者将服务列为极其重要的购买考虑因素，表明服务已取代价格和品牌，成为第二重要的购买考虑因素。此外，越来越多的消费者追求个人价值的实现和个性的凸显，他们对服务的需求不再局限于大规模同质化的销售及售后服务，个人定制已经成为制造业产品的主流。在制造业产品利润不断下降的情况下，只有提供满足客户需求的产品和服务，才能在市场上获得成功。

面对不断发展变化的消费者需求，制造业企业将制造产品发展演变成行业解决方案，针对客户特定问题和专有需求开展一系列服务，从而更好地满足差异化的市场需求。这要求制造业企业转变以产品为中心，以产品销售为主、忽视客户需求、仅提供少量无差别附加服务、主要依赖产品交易获得利润、竞争聚焦于产品价格性能的服务提供模式，追求提供"产品 + 服务"的全面解决方案和差异化增值服务、依靠长期持续服务创造客户价值、深入了解客户需求、竞争聚焦服务质量和服务创新的以服务为中心的服务提供模式。

本质上，客户需求是制造业企业服务创新活动的源泉。企业生产经营活动的目的是追逐利润，而利润得以实现的基础是企业生产经营成果被客户所接受。因此，客户是制造业企业服务创新活动的根源。客户需求既可以直接驱动服务创新的发展，又可以通过影响其他因素间接推动服务创新的开展。一方面，由制造业企业服务创新的特征所决定（参见本章 3.1）；另一方面，日益激烈的竞争迫使企业关注市场上多样化客户需求，以开展服务创新，提供高附加值服务创新成果满足客户需求。此外，技术进步与客户需求互相促进互相影响，技术进步促使客户需求不断发展演化，客户需求同时推动技术不断向前发展，技术进步驱动的服务创新，一定程度上也受到客户需求的影响。

3.3　制造业企业服务创新运行机制

制造业企业的服务创新活动，是在需求拉动下从服务创新构想的产生到服务创新成果在市场上商业化的整个过程。制造业企业的服务创新，本质上是客户的消费者剩余及企业的超额利润实现过程。服务创新的本质，决定了制造业企业的服务创新过程，其是需求拉动的创新活动。制造业企业服务创新活动，始于市场上多样化的客户需求，并在竞争压力的驱动和技术进步的推动下，产生服务创新构想。结合制造业企业创新资源优势，企业对服务创新构想进行设计、研发、实施等新思维的实现过程，产生新解决方案、新商业模式、新服务产品等服务创新成果，并通过商业化活动在国内市场和国际市场执行并扩散。制造业企业服务创新过程还受到社会经济环境、技术环境和政策环境等宏观环境的影响，将在下一章进行论述（图 3-3）。

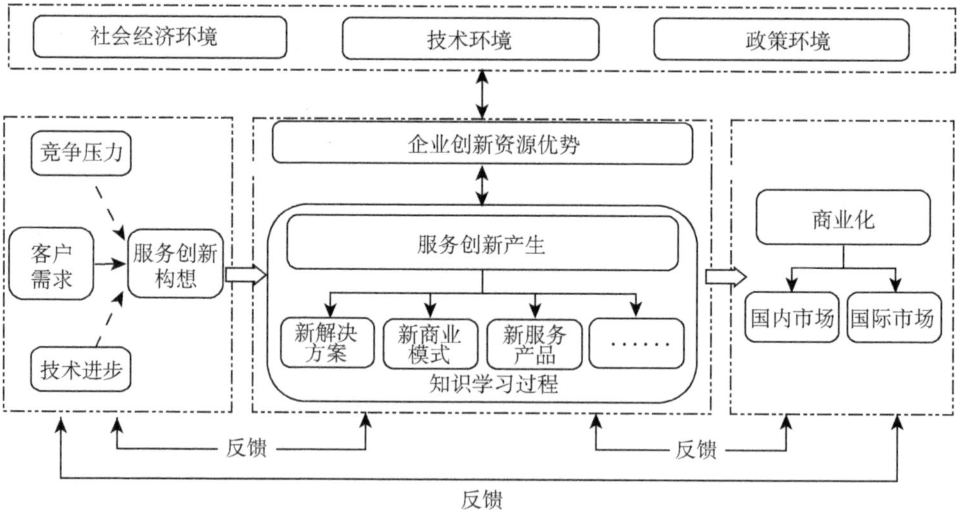

图 3-3　制造业企业服务创新过程

　　多样化客户需求是制造业企业服务创新的起点。研究开发和技术创新是制造业企业创新的主力，制造业企业之所以开展服务创新，本质上是为了获取更多的超额利润。超额利润的实现，离不开企业产品和服务在市场上的成功销售。只有满足市场上多样化客户需求的产品和服务，才能在市场上取得成功。并且，市场上未被满足的差异化客户需求，为制造业企业提供了服务创新的新灵感及获得超额利润的新商机。此外，制造业企业服务创新的特征，也决定了客户需求是制造业企业服务创新的来源，这在上文已经有所论述。因此，制造业企业的服务创新主要是客户需求拉动创新活动。

　　服务创新构想的产生，也受到竞争压力的驱动。制造领域的激烈竞争不断压缩生产制造活动的利润空间，迫使企业向高附加值的服务领域延伸，或提供增值服务以赋予企业产品新的功能和价值，创造更多客户价值，为企业带来超额利润。技术进步也推动着服务创新构想的产生和发展。新技术促进了服务创新新思维和新方法的出现，如计算机和互联网技术的发展推动了在线支付、网上商店等新思维的产生和出现；同时，技术可行性及固化在仪器、设备里的技术，也是服务创新活动顺利进行的重要条件和保障。在竞争压力和技术进步的推动下，基于多样化客户需求的服务创新构想出现，敏锐感知并捕捉服务创新机遇的企业，积极整合优化创新资源，发起了一系列服务创新活动，将服务创新构想在企业内部实现。

在服务创新产生阶段，服务创新活动主要在企业内部开展。企业优化配置科学技术、信息、人力资源、创新资金、必要物质资源和机器设备等创新资源，推动服务创新活动的开展。具体来说，企业将服务创新构想细化为客户的实际问题，并为每个细化的问题制定具体的目标和评价标准。企业根据创新构想，结合企业内部创新资源和外部网络资源优势，明确每个目标的优先级，并为每个目标设计具体的解决方案，最后利用制定的评价标准对解决方案进行评价，选择最优的解决方案。经过这一阶段，新的或经过重大改进的解决方案、商业模式和服务产品在企业内部产生。

市场和销售部门在制造业企业服务创新过程中发挥着重要作用。制造业企业的创新过程，涉及研究开发、生产制造、市场销售等多个部门。技术创新的难点在于技术突破和技术如何实现，需要高强度研发活动的支持。对技术创新过程来说，最重要的是研发部门。服务创新的难点在于如何发现服务创新的新思维和新方法，并将服务创新构想细化为客户的实际问题，技术实现难度相对较低。因此，对服务创新来说，最重要的部门是市场和销售部门。市场和销售部门与客户密切接触，能够将服务创新构想细化为客户需要解决的实际问题，并整合企业创新优势资源提出解决方案。例如，信息领域制造业企业的服务创新活动主要依靠销售部门（包括售前、销售和售后）整合企业现有的软件、硬件、支持服务等，从而产生符合客户需求的行业解决方案。

制造业企业服务创新产生的新解决方案、新商业模式、新服务产品等，通过企业的营销活动引入市场，开始了服务创新成果的商业化阶段。商业化阶段主要是制造业企业的外部活动，包括服务创新成果首次在市场上推出、客户接受度测试、沟通、宣传扩散等一系列活动。广义上，服务创新的商业化进程是创新成果在社会、经济、环境和人民生活中全方面渗透的整个过程。但在企业层面，商业化就是服务创新成果在市场上被客户接受，为客户提供大量消费者剩余，同时企业实现超额利润的价值创造过程。

与技术创新过程相同，反馈机制（Kline et al.，1986）在制造业企业服务创新中也发挥着重要的作用。反馈机制也是服务创新不同阶段实现沟通交流的手段。在制造业企业服务创新过程中，后一阶段创新活动的相关信息被及时反馈到前一阶段的创新活动中，便于企业在宏观层面上根据实际进展，调整后续服务创新活动，以减少服务创新的不确定性和市场风险。

3.4 案例分析

3.4.1 华为技术有限公司

作为全球领先的电信解决方案供应商，华为技术有限公司（简称"华为"）向客户提供端到端的产品、服务和解决方案，快速响应客户需求，全力协助客户获得商业成功。早期的华为专注于通信领域设备供应，目前华为业务领域涵盖移动（LTE/HSPA/WCDMA/EDGE/GPRS/GSM，CDMA2000 1xEV-DO/CDMA2000 1X，TD-SCDMA 和 WiMAX）、核 心 网（IMS，Mobile Softswitch，NGN）、网络（FTTx，xDSL，光网络，路由器和 LAN Switch）、电信增值业务（IN，mobile data service，BOSS）和终端（UMTS/CDMA）等领域，为客户提供大量极具竞争力的通信解决方案和服务。华为长期坚持不少于销售收入 10% 的研发投入，并坚持将研发投入的 10% 用于预研，在美国、德国、瑞典、俄罗斯、印度及国内的北京、上海和南京等地设立多个研究所，近一半的员工从事研究开发工作。截至 2009 年 6 月底，华为累计申请专利 39 184 件。目前，华为的相关产品、服务和解决方案已经应用于全球 100 多个国家，服务全球运营商 50 强中的 36 家。①

华为出色的经营业绩与企业结合自身优势资源开展服务创新，提供高附加值的行业解决方案等有密切关系。作为通信领域的中国企业，华为初期在技术领域缺乏竞争优势，只能依靠低价格占领市场。然而，近年来华为十分关注市场上多样化客户需求，开展服务创新，提供比其他通信设备供应商更多的增值服务和整体解决方案以吸引客户。

（1）"村村通"

华为注意到发展中国家乡村市场与城市通信渗透率的巨大反差。例如，印度 2006 年年底城市移动电话普及率为 40% 左右，而农村地区不到 2%；中国 2007 年年底城市移动电话普及率达到 40%（5.2 亿用户），但农村地区只有

---

① 华为技术有限公司 . http：//www.huawei.com/cn/corporate_information.do.

20%。农村地区通信渗透率低，ARPU（average revenue per user）值[①]和人口密度也相对较低。运营商一方面担心投资回报，往往不愿意在乡村地区投资建立通信网络；另一方面乡村地区的运营商技术水平相对较低，技术人才匮乏，需要通信设备供应商不仅提供硬件设备，还要提供安装、调试、试运行、维护等全方位服务，解决设备运营的后顾之忧。

华为深刻分析了乡村地区运营商的实际需求，整合华为的无线通信设备、相关软件和增值服务，提出"村村通"的解决方案，帮助乡村地区运营商重新改造业务、挖掘通信优势，开拓低收入群体市场。华为认为，无线网络是在乡村地区快速部署通信服务最经济的方式。无线网络能够降低运营商网络建设费用，为用户提供较低廉的语音和数据服务。

华为"村村通"解决方案的基站建设，采用动态功率提升、收发分集和多载波技术等先进技术，提高了基站的发送功率和接收灵敏度，以更少的站点实现了更广的通信网络覆盖。基站采用一体化小型基站和分布式基站结合的方式，一体化小型基站内置传输设备和电池，可以分布在乡村地区中心地带；分布式基站体积小，可以分散分布在乡村地区。两种基站相结合，极大降低了建筑、供电、输电、基站维修等费用。为降低传输和运营成本，华为提供全 IP 架构的基站子系统和核心网的解决方案，并采用多项创新技术，如媒体网关和控制器共框、集线器基站、Abis 传输优化，以及 IP Over E1/T1 等节省长途传输租金，通过高级电源管理、散热管理和 TRX 自动关闭等技术，使基站比行业传统基站降低 30% ～ 40% 的功耗。

在通信设备领域，主流的业务模式是通信设备供应商将设备销售给运营商的同时提供一整套技术文档。运营商通过阅读技术文档获得通信设备的使用技能。然而，乡村地区运营商技术水平相对较低，技术人才匮乏，没有能力仅通过阅读技术文档，获得使通信设备正常运营的全部知识。华为根据乡村地区的实际情况，将"村村通"打造成让运营商可以直接使用的解决方案。运营商只需购买"村村通"解决方案，华为将提供所有必需的产品和服务，确保运营商能够直接使用。在解决方案运行初期，华为还会为运营商配备专门的技术专家处理相关技术问题，并为运营商提供免费的培训服务。此外，华为的 IP 承载

---

① ARPU 值是单位时间内企业（运营商）从每个用户所得到的利润。

网络和服务平台，可以按照用户的要求动态调整 2G/3G 网络资源，顺利实现业务的演进。

（2）宽带解决方案

华为深刻分析当前通信运营商的实际需求，认为随着通信、计算机和网络技术的发展，以新用户体验、新商业模式和新网络架构为特征的网络化世界已经到来。如何大幅提高收益，如何建立带宽竞争力，如何有效控制成本，已经成为运营商迫切需要解决的问题，如图 3-4 所示。在深刻分析运营商需求的基础上，华为整合基础网络、服务、软件和终端 4 个业务领域，帮助运营商构筑宽带优势、提高收入并降低成本，为运营商构筑最佳商业蓝图。

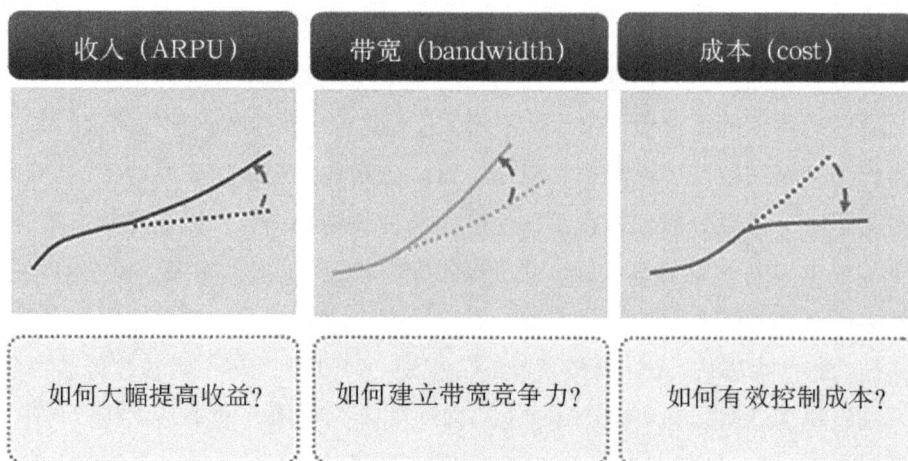

图 3-4　通信领域运营商当前需求

（资料来源：华为技术有限公司 . http：//www.huawei.com/cn/broadband/blueprint.do）

在基础网络方面，华为引入智能分组核心 IPN，实现对网络精细化运营和内容运营，实现可视化、可管理、可盈利的宽带网络，帮助运营商构筑赢利的移动宽带和超宽带。华为还充分认识到 LTE 技术在未来的巨大作用，所有的无线产品都将支持平滑演进到 LTE，在 LTE/SAE、超宽带技术及应用领域保持技术领先地位，通过"高速云和连续云"有效提升用户的带宽体验，帮助运营商构建带宽竞争优势。此外，华为帮助运营商简化网络架构，通过光纤、铜线、微波等多媒介协同，简化接入网络，降低接入网成本；通过基于统一城域平台的多功能、多技术、多业务的多网络协同，简化城域网，降低城域网成本；通过IP与光在流量、保护和规划方面的协同，简化骨干网络，降低骨干网成本。华为在不同技术演进之间实现融合与协同，极大降低运营商的成本，同时实现绿色节能环保。

在服务方面，华为提供端到端的专业服务解决方案，帮助运营商聚焦核心业务，拓展盈利空间。华为提供管理服务、Turnkey和SWAP等解决方案，通过提升网络质量，帮助运营商获取更多用户；为下一代网络提供高质量的网络部署和规划优化等服务，助力运营商向下一代网络平滑演进；提供定制化管理服务解决方案，为运营商提供高效的网络运维外包服务，节省大量运营成本。

在软件方面，华为帮助运营商设计、开发和实施强大的运营支撑系统，高效提升运营效率，以满足不断变化的市场需求，提高竞争力。此外，华为高效利用带宽资源，提供体验丰富的通信业务、数字家庭和移动办公等解决方案。例如：华为端到端和面向融合的IPTV解决方案，全面协助运营商解决IPTV建设和运营过程中系统集成、业务运营、运营支持、后期发展等关键问题。

在终端方面，华为通过终端产品的定制化服务（包括工业设计定制化、产品定制化和应用定制化），丰富产品功能，协助运营商提供多样化产品和服务以满足差异化市场需求。

服务创新带来华为合同销售收入的逐年攀升，华为的海外合同销售收入比例也在持续提高。2004—2008年，华为合同销售收入总额从56亿美元增加到233亿美元，年均增幅高达42.82%。其中，海外合同销售收入从22.96亿美元增加到174.75亿美元，年均增幅高达66.10%，国内合同销售收入从33.04亿美元增加到58.25亿美元，年均增幅为15.23%。同期，海外合同销售收入比例从41%持续增长到75%，国内合同销售收入比例则从59%下降到25%，如图3-5所示。

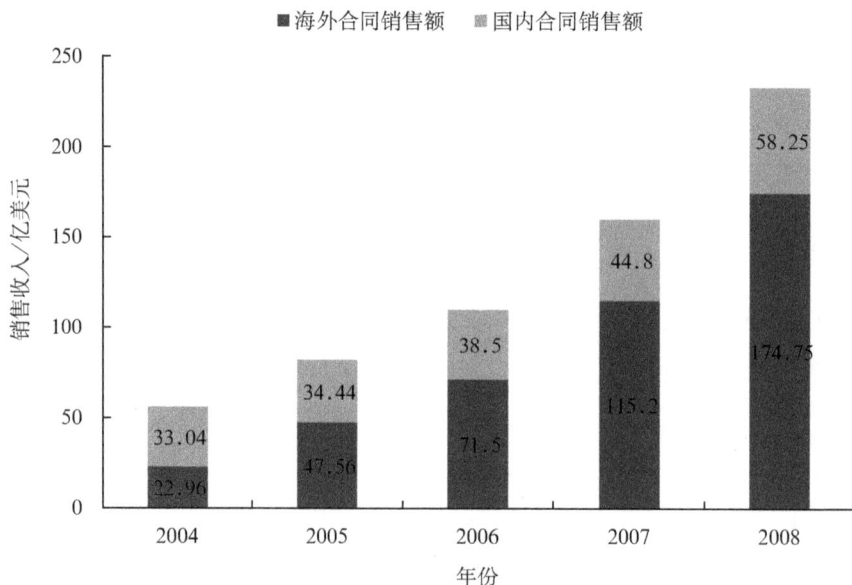

图 3-5　华为合同销售收入

（资料来源：华为技术有限公司 . http：//www.huawei.com/cn/corporate_information.do）

3.4.2　IBM

1911 年创立的国际商业机器公司（IBM），是全球最大的信息技术和行业解决方案供应商，客户遍及全球 170 多个国家和地区，业务涉及金融、电信、冶金、石化、交通、商品流通、政府和教育等重要领域。几十年来，IBM 公司一直是计算机硬件龙头企业。但随着硬件市场日益激烈的国际竞争，市场平均收益日趋降低，1993 年，IBM 首次宣布 49.7 亿美元的亏损。为扭转亏损局面，IBM 公司深入分析市场上的客户需求，并基于公司长远发展需求和核心竞争力建设，提出从硬件制造商到解决方案供应商的转型。

（1）从硬件供应商到行业解决方案

在计算机技术发展初期（20 世纪 80 年代），市场上的客户需求主要关注硬件产品，客户对硬件的成本、价格和性能较为敏感。这一时期，硬件市场的主导产品为处理器，大型机售价昂贵，为企业带来大量增加值和高额利润。IBM 公司等主要计算机硬件供应商将产品重点放在硬件的性价比上，通过高性能大型机吸引市场上的不同客户。由于大型机的技术复杂性和操作难度，这些厂商提供 24 小时专业技术支持，作为产品销售的有益补充。20 世纪 90 年代，计算机技术突飞猛进，价格有所下降，操作简易性超过产品价格成为决定市场上客户需求的首要因素。客户强调降低计算机硬件设备的操作复杂性，减少操作学习时间。这一时期，市场上计算机硬件设备供应商将产品重点放在提供不同硬件产品的组合，以降低操作复杂性。

进入21世纪，随着科学技术尤其是信息通信技术的快速发展和全球扩散，硬件价格不断下降，创新收益日益减少。市场上客户需求发生变化，从关注总体费用的降低，转变为在减少不必要硬件投资的同时，与供应商建立战略伙伴关系，以获得真正解决企业内部实际问题的整体解决方案。客户需要的是能够提供不同功能、解决实际问题的解决方案，而不是单个的或一系列的、需要他们花费固定金钱和大量时间去熟悉操作的硬件产品。如图3-6所示。IBM公司敏锐发现市场上客户偏好的变化，并及时调整产品战略。IBM发现，在当前企业IT应用的战略需求下，硬件销售无法创造高额利润和新增价值，只有开展服务创新，将硬件、软件和相关服务根据客户实际需求进行有机整合，提供操作简单且能够解决客户实际问题的行业整体解决方案，才能真正创造大量价值。

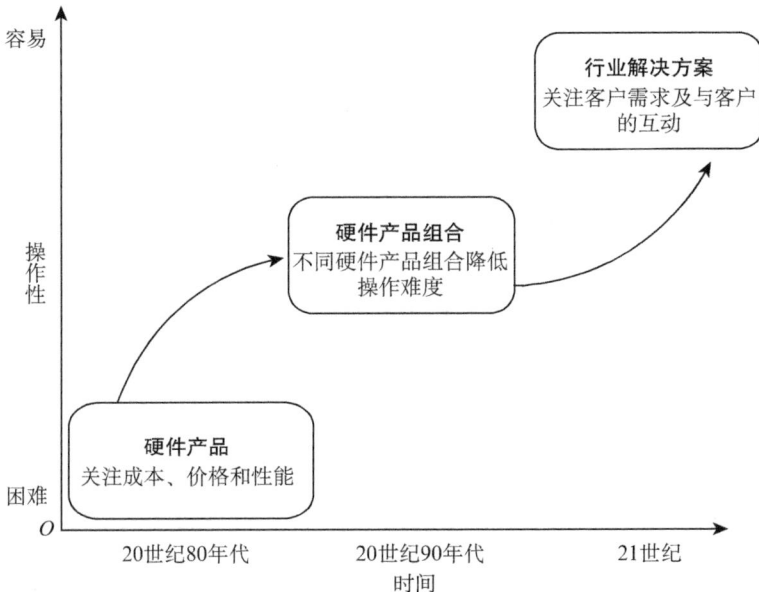

图3-6　计算机市场上变化的客户需求

（资料来源：SLYWOTZKY A. Value migration：how to think several moves ahead of the competition [M]. Massachusetts：Harvard Business School Press，1996.）

　　IBM 发起了核心业务及组织结构的重大调整，将公司重点放在"IT 服务"，剥离非核心业务，开展服务创新，引入新的商业模式，主要向客户提供行业解决方案而不是纯粹的 IT 硬件产品。IBM 将企业价值创造的重点，放在市场上客户面临的实际问题和客户实际需求上。IBM 提供的行业解决方案，根据客户实际需求的变化而变化，而不主要关注于技术发展。1998 年，IBM 将全球网络业务（global network business）以 50 亿美元的价格出售给 AT&T，并同时获得 AT&T 100 多个运营中心 10 年的管理运营业务。随着网络业务等非核心业务的剥离，IBM 将更多的精力放在技术服务和应用上。通过这些措施，IBM 在 1994 年实现盈利 97.1 亿美元，1995 年盈利 127.1 亿美元。2001 年，IBM 的服务相关业务收入（349 亿美元）首次超过硬件收入，成为 IBM 企业收入的主要来源，占同年 IBM 总收入的 42%。

　　2002 年，IBM 以 35 亿美元收购了普华永道咨询业务（PWC）。收购活动不仅增强了 IBM 在 IT 咨询和 IT 服务方面的能力，也极大地增强了公司在战略咨询等其他咨询领域的能力。普华永道在咨询领域的丰富经验和能力，与 IBM 在 IT 领域的技术能力相结合，确保了 IBM 在 IT 咨询和战略咨询领域的极大优势。与其他专业咨询公司相比，IBM 提供的是一整套结合了计算机硬件、软件、咨询服务和其他相关服务的解决方案。这种新的商业模式也在一定程度上促进了企业 IT 硬件产品的销售。同一时期，IBM 逐渐剥离了其他未来发展机会甚未明朗的非核心业务，如硬盘业务和显示器业务等。此外，2005 年，IBM 以 12.5 亿美元的价格，将个人电脑业务出售给联想公司，同时获得联想 18.9% 的股份。

　　通过引入服务创新，提供满足客户需求的解决方案，IBM 将核心业务关注重点放在基于服务的、能够带来高附加值和利润的产品和服务上。1996—2008 年，IBM 主营业务收入从 759.47 亿美元增长到 1036.30 亿美元，增长了 36.45%，如图 3-7 所示。公司销售收入不断增长的同时，服务相关收入所占比重持续提高。2007 财年，IBM 的服务和软件收益占公司收益的 4/5[①]。

---

① 来源：IBM annual report 2007.

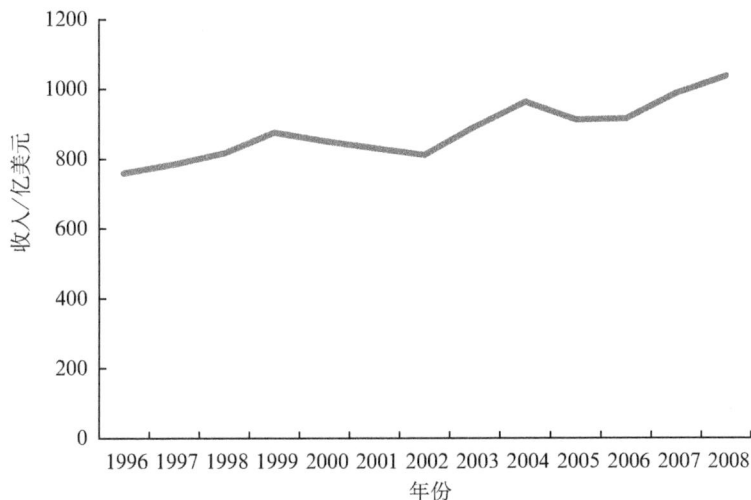

图 3-7 IBM 主营业务收入

（资料来源：IBM 公司，http：//www.ibm.com/annualreport/）

（2）"智慧地球（smart planet）"——新的世界运行模型

2009 年，在金融危机席卷全球，经济增长缓慢甚至出现负增长的社会经济环境下，IBM 提出"智慧地球（smart planet）"的解决方案，以应对金融危机压力，更好地服务当今社会客户需求，开始了新一次的业务转型。智慧地球的核心是新一代信息技术在社会生产生活的应用，改进政府、企业和个人的交互方式，提高交互的明确性、效率、灵活性和响应速度。如今，信息基础架构与高度整合的基础设施的完美结合，使得政府、企业和个人可以做出更明智的决策。"智慧地球"提出 21 种方案，包括智慧的地球、智慧的电力、智慧的交通、智慧的食品、智慧的 IT、智慧的零售、新锐洞察、智慧的金融、智慧的电信、智慧的石油、智慧的医疗、智慧的城市、智慧的供水、智慧的公共安全、智慧的建筑、智慧的工作、智慧的铁路、智慧的产品、智慧的教育、智慧的政府、云计算。

针对中国市场提出的"智慧地球"，重点分析了当前中国经济社会面临的客观问题——外向型经济受到全球金融危机严重影响，中国当前亟须保持经济稳定增长（GDP 增长率在 8% 以上），扩大内需，促进就业，增强企业竞争力，有效利用能源，建立和谐社会。因此，中国市场的"智慧地球"主要关注智慧的铁路、智慧的医疗、智慧的城市、智慧的电力、智慧的交通、智慧的食品、智慧的基础设施、智慧的零售，以及新锐洞察 9 个领域，以解决当前中国发展议程中面临的实际问题，如图 3-8 所示。

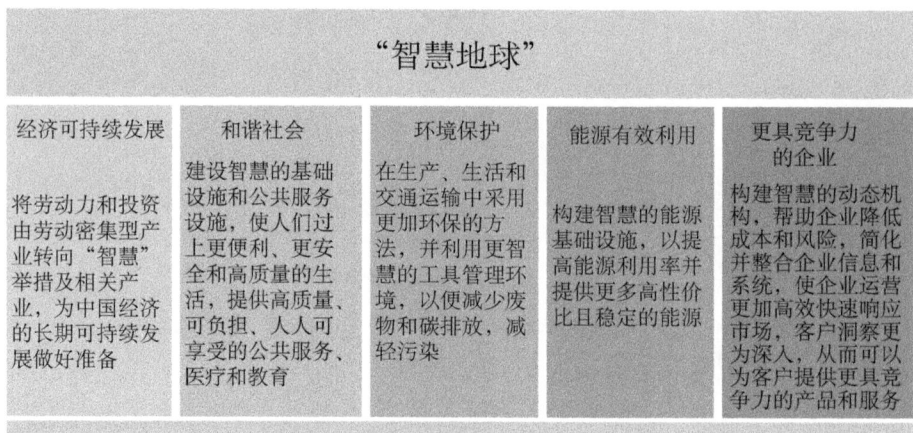

"智慧地球"

经济可持续发展	和谐社会	环境保护	能源有效利用	更具竞争力的企业
将劳动力和投资由劳动密集型产业转向"智慧"举措及相关产业，为中国经济的长期可持续发展做好准备	建设智慧的基础设施和公共服务设施，使人们过上更便利、更安全和高质量的生活，提供高质量、可负担、人人可享受的公共服务、医疗和教育	在生产、生活和交通运输中采用更加环保的方法，并利用更智慧的工具管理环境，以便减少废物和碳排放，减轻污染	构建智慧的能源基础设施，以提高能源利用率并提供更多高性价比且稳定的能源	构建智慧的动态机构，帮助企业降低成本和风险，简化并整合企业信息和系统，使企业运营更加高效快速响应市场，客户洞察更为深入，从而可以为客户提供更具竞争力的产品和服务

图 3-8　IBM 针对中国发展议程提出的"智慧地球"解决方案

（资料来源：IBM 商业价值研究院. 智慧地球赢在中国 [EB/OL].（2015-03-22）[2009-12-30]. http://www.doc88.com/p-0991487216658.html.）

3.5　小结

本章重点研究制造业企业的服务创新过程。基于制造业企业服务创新主要特征，分析制造业企业服务创新的核心驱动力，在此基础上深入分析制造业企业服务创新活动的运行机制，描述制造业企业服务创新过程，最后具体分析华为技术有限公司和 IBM 的服务创新，从而对制造业企业服务创新过程有更为深刻的认识。

与其他类型的创新活动相比，制造业企业的服务创新呈现出核心内容无形性、知识技术密集性、服务创新成果难以保护性、品牌锁定性、时效性等特征。这些特征一方面由服务的特征和属性所决定；另一方面与制造业企业的特征密不可分。制造业企业服务创新的特征，决定了服务创新活动是需求导向的创新活动，主要围绕需求展开，同时受到技术等因素的影响。

制造业企业服务创新活动受到多种因素的共同作用，客户需求是其中最重要的驱动力。从本质上说，客户需求是制造业企业服务创新活动的源泉。生产制造活动是制造业企业的主业，之所以开展服务创新，主要是为了满足市场上不断变化的客户需求，以获得更多超额利润。此外，日益激烈的竞争压力和技术进步也是推动服务创新在制造业企业发生发展的重要驱动力，制造领域的竞争压力迫使制造业企业引入服务创新以增加产品和服务的附加值。技术进步一方面是制造业企业服务创新成功开展的重要基础、工具和保障；另一方面为制造业企业的服务创新提供了新思维和新方法。

　　制造业企业的服务创新活动，是在需求拉动下从服务创新构想的产生到服务创新成果在市场上商业化的整个过程。在市场上多样化客户需求拉动和技术进步、竞争压力的推动下，制造业企业产生服务创新构想，结合企业创新资源优势开展设计、研发、实施活动以产生新的解决方案、新的商业模式、新的服务产品等服务创新成果，并通过商业化活动在国内市场和国际市场执行并扩散。制造业企业的服务创新过程充满了反馈，并受社会经济环境、技术环境和政策环境等宏观因素的影响。

目前，学术界有关服务创新过程影响因素的研究相对较少。相关研究或者仅关注服务创新过程中一两个影响因素，或者将研究范围局限于某个特定的行业领域（Bilderbeek et al., 1998；Barras, 1986；Gallouj, 1998；Sundbo et al., 1998）。因此，本章基于对制造业企业服务创新过程的分析，识别影响制造业企业服务创新的关键因素。

制造业企业服务创新过程，涉及知识、技术、企业研发活动、战略、管理、客户需求、供应商、竞争对手等各方面。制造业企业需要有效收集、整合、运用各种服务创新资源，确保企业服务创新活动的顺利进行，实现企业的超额利润和客户的消费者剩余，并创造巨大的社会效益和经济效益。总的来说，制造业企业服务创新的关键因素可以分为4个部分，包括市场因素、知识因素、战略与管理因素，以及知识天使（knowledge angel）。这些因素相互影响并有机结合，其中充满了大量的学习和扩散活动。例如，知识能力确保了必要知识信息的学习和扩散，为市场能力的发挥提供了必要的知识基础，同时确保了知识天使作用的发挥，以及战略与管理能力发挥作用所需的信息和知识。知识和管理能力的提升，也促进了与知识能力和市场能力相关的战略学习和积累活动，同时增强了知识天使职能的发挥。此外，制造业企业的服务创新过程，还受到外部宏观因素的影响和制约。例如，社会经济环境、科技环境和政策环境等都对制造业企业服务创新过程产生积极或消极的影响，如图 4-1 所示。

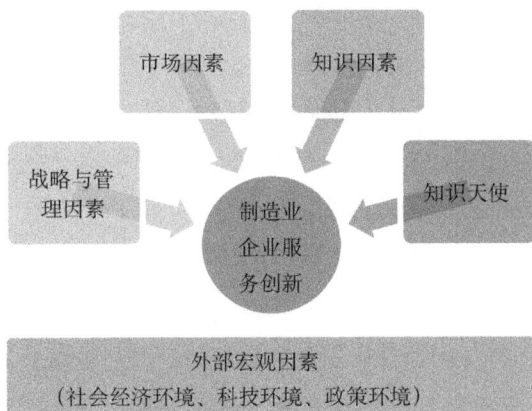

图 4-1 制造业企业服务创新影响因素

4.1 市场因素

制造业企业的服务创新，是高度开放的创新活动，从服务创新构想的产生到服务创新成果在市场上成功商业化的全过程，与客户、第三方物流、外包厂商、供应商、竞争对手等存在高度互动和交流。这些行为主体的行为、偏好等相关信息的收集整理和有效利用，对制造业企业服务创新过程的成功开展起着重要的作用。此外，由于服务创新成果的无形性、难以保护性、品牌锁定性、时效性等特征，服务创新过程在制造业企业的成功开展，也高度依赖客户的满意程度、与第三方物流、外包厂商、供应商的合作，以及与竞争对手的竞争与合作。因此，客户、供应商、竞争对手等市场因素在制造业企业服务创新过程中发挥着重要作用。

（1）客户

制造业企业开展服务创新的主要原因，是满足市场上多样化的客户需求，为客户提供更多的消费者剩余，同时实现企业高额的超额利润。从某种程度来说，服务创新活动是在市场上通过新产品实现更高客户价值的过程（Day，1994；Srivastava et al.，2001）。客户与公司绩效有着密切关系，收集、整理、识别，以及合理利用客户信息，能够增强企业创新和服务创新能力，提供更多的新产品并创造更高的客户价值（Appiah-Adu et al.，1998；Kohli et al.，1990）。部分学者认为，对服务创新来说，有关客户偏好和需求的市场信息与技术知识在促进创新活动持续顺利进行方面，发挥着同样重要的作用（Han et al., 1995; Verona, 1999）。此外，市场的未来发展方向直接或间接地影响着新产品的市场绩效（Atuahene-Gima, 1995; Han et al., 1998; Sandvik et al., 2003）。客户对制造业企业服务创新的影响，主要包括两个方面：①客户需求等相关信息是制造业企业服务创新活动新思维和新方法的重要来源；②客户作为重要参与者，直接参与了制造业企业的服务创新过程。

客户作为制造业企业服务创新活动的间接参与者，其需求偏好等相关信息是制造业企业服务创新构想的重要来源，这在上一章已有详细分析探讨。客户是服务创新过程中重要的信息来源（Sundbo et al., 1998），客户在企业服务创新过程，尤其是知识学习过程中发挥着重要作用，企业服务创新活动中的新知识通常都来自客户（OECD, 2006）。尤其在当今社会，客户对产品质量及性能的甄别能力得到前所未有的提高，制造业企业的服务创新成果必须拥有独特优势以满足市场上客户差异性需求。制造业企业服务创新的成功，极大依赖创新成果在多大程度上被市场所接受。这涉及对细分市场的理解和对客户偏好的分析。有缺陷的市场细分，将导致服务创新商品的失败及市场利润和份额的损失（Johne, 1998）。因此，制造业企业必须理解市场上其主要客户的偏好和特征，并与当前客户和潜在客户保持密切关系，以收集充足的市场信息，促进和推动服务创新活动的开展。

此外，客户又可以作为行为主体，直接参与制造业企业的服务创新活动。制造业企业提供的解决方案等定制化服务创新成果，需要客户的高度参与和互动。制造业企业只有深入客户内部，真正了解客户的实际问题和需求，才能提供个性化解决方案以解决客户的实际问题。扬名（2008）认为，在提供服务的整个过程中，客户都发挥着重要作用，其既是服务质量的评判者，又在创新过程中扮演着"合格生产者"的角色，客户本身素质的高低及其参与程度直接决定了服务提供和创新的效果。Miles（2005）认为，服务创新活动是高度交互性活动，创新全过程涉及与供应商及客户的大量沟通交流。2005年，美国创新调研结果（Council on Competitiveness, 2005）表明，客户已经成为创新和服务创新过程的重要参与者，近78%的企业声称它们与客户有着密切合作。客户在服务创新活动中的参与程度，受服务创新活动本质和特征的影响，知识密集型服务创新活动的客户参与度远高于其他服务活动（Baker et al., 2008）。此外，部分制造业企业服务创新活动涉及"自助服务（self-service）"，即需要客户主动参与服务创新的设计等环节，以确保服务创新活动的顺利开展。

（2）供应商

供应商在制造业企业服务创新过程中也发挥着一定的作用。供应商的技术能力在一定程度上决定了制造业企业服务创新活动能否顺利进行。来自供应商的信息和知识，也影响着制造业企业的服务创新过程。供应商可以参与制造业企业的服务创新活动，直接提供必要的技术支持与合作；也可以通过提供特定原材料、技术产品、设备等，推动制造业企业新的服务产品或商业模式的产生和发展。在一定情况下，供应商可以对制造业企业的服务创新活动起着至关重要的作用，它们也被称为"供应商主导的服务创新"（Soete et al.，1989；Hertog et al.，1999）。供应商主导的服务创新，指服务创新活动主要来自外部供应商，企业的创新活动引入这些创新元素并在市场上成功商业化。Tether（2004）指出，与其他创新活动相比，服务创新活动更多地从外部市场，如客户和供应商那里获得信息和知识。

供应商可以分为原材料元器件设备供应商和外包厂商。供应商既为制造业企业提供开展服务创新活动的必要原材料和机器设备，又极大改变了服务创新的生产经营模式。原材料元器件设备供应商为制造业企业服务创新活动提供必备的原材料、零部件、生产设备等。原材料的纯度等质量指标，以及零部件和生产设施的先进程度，影响着制造业企业服务创新成果的成功实现。

外包厂商已经成为制造业企业服务创新过程中不可或缺的关键环节。外包厂商包括生产厂商和第三方物流等，这些外包厂商在制造业企业的服务创新过程中，已经成为不可或缺的关键环节。部分制造业企业的服务创新活动，将低收益低附加值的生产制造环节外包给生产厂商，企业专注于高附加值的创新活动。生产厂商的技术水平和生产能力，直接决定企业设计能否实现大规模的生产制造，从而影响着制造业企业服务创新过程能否成功开展。此外，拥有雄厚技术能力的外包厂商还可以参与企业的服务创新过程，与企业就服务创新成果的研制、设计等开展沟通交流，改进服务创新成果，使其更好地满足市场上的客户需求，从而创造更多客户价值，同时实现双方的超额利润。第三方物流的出现，简化了制造业企业的交易结构，极大降低了制造业企业服务创新成本，提高了服务创新成果配送效率和配送专业化水平，缩短了制造业企业服务创新成果传递到客户手中的时间，提高了客户对配送环节的满意度。

（3）竞争对手

竞争对手也在一定程度上影响着制造业企业的服务创新过程。通常来说，竞争对手被视为企业的威胁。面对有限的市场，企业和竞争对手对市场份额的争夺成为第一要务。竞争对手带来的竞争压力，迫使制造业企业开展服务创新活动，以增强产品和服务性能，或改变企业生产经营模式，从而提供更具竞争力的服务创新成果，为客户提供更多的消费者剩余，同时实现企业的超额利润。此外，竞争对手之间具有不同战略目的的竞争，能够增强而不是损害企业的可持续竞争优势，同时对整个产业结构进行一定优化（Porter，1985）。良好的竞争对手能够帮助降低市场上需求的动荡，增强企业产品的差异化能力，更好地服务不同的细分市场，增强企业在劳动力市场和其他方面的讨价还价能力，降低市场风险和垄断风险，同时增强企业的创新活力。Sundbo 和 Gallouj（1998）指出，制造业企业还可以模仿并改进其竞争对手的服务创新活动，利用竞争对手已经开拓好的新市场获得更多利润。面对服务创新市场高度的不确定性和风险，制造业企业还可以与竞争对手开展战略合作，共同向市场提供新的服务产品或商业模式。

4.2　知识因素

知识因素也对制造业企业服务创新过程产生重要影响。识别并合理利用知识、技术和信息，能够促进制造业企业服务创新活动的开展。影响制造业企业服务创新过程的知识因素，包括先进技术、人力资源，以及企业研发投入等。这些关键因素相互融合，决定了制造业企业服务创新知识基础的强弱。知识因素是服务创新过程的基础，同时对市场因素、战略与管理因素和知识天使等其他因素的能力积累有着一定作用。

（1）先进技术

先进技术在制造业企业的服务创新过程中发挥着重要作用。先进技术可以作为重要的创新源泉，为制造业企业带来服务创新的新灵感。例如，信息通信技术的发展及互联网的广泛应用，为企业带来网络销售、在线设计等生产经营的新思路。先进技术也是制造业企业服务创新活动的重要条件和实现工具，确保服务创新活动顺利开展。在大部分制造业企业的服务创新活动中，先进技术并不是创新的主要目的，而是作为重要的技术基础和支持手段，推动和促进服务创新活动的开展和顺利进行。如在 IBM 提供的解决方案等服务创新成果中，先进技术物化的硬件产品是重要组成部分，缺少必备硬件设备的支持，解决方案无法实现。OECD 报告（2003）指出，服务型企业通常有较为活跃的创新活动，并且它们往往是市场上先进技术的领先用户。这也从一定程度上表明，先进技术是服务创新的重要基础和工具。此外，先进技术确保了传统意义上的服务创新成果能够以有形的形式生产、储存和扩散。例如，信息通信技术的发展确保娱乐产业的电视剧、电影、游戏、音乐等知识技术密集型创新产品，能够以 CD 和 DVD 等光盘的形式大规模生产和销售。

对服务创新来说，应用最为广泛、影响最为深远的技术是信息通信技术。当前，信息通信技术在全社会广泛渗透，已经成为人民生产生活基础设施中必不可少的一部分。信息通信技术在极大地影响和改变信息通信及其相关行业发展的同时，也对制造业企业的服务创新活动产生了巨大的影响。因此，信息通信技术等先进技术的可获得性，对制造业企业服务创新过程起着至关重要的作用。Mile（2005）认为，服务活动是信息密集型活动，其中充满了沟通交流和交易活动。其中大部分的信息收集、整理、储存、组织和扩散活动，极大依赖信息通信及其相关技术。甚至对于一些与信息完全无关的制造业服务活动来说，信息技术的应用也对其组织和管理产生着一定的作用（Baker et al.，2008）。

信息通信技术极大地方便了制造业企业的服务创新活动，这与服务创新中大规模的信息收集、利用、生产和加工活动密不可分。Barras（1986，1990）强调了信息通信技术在服务创新活动中的关键推动作用，并基于此观点发展出"逆向产品生命周期"理论进行进一步阐述。Dirk（2005）指出，技术的可获得性是影响服务创新成败的一个关键因素，并且大部分服务活动也极大地依赖技术的发展进步。Ark 等（2003）也指出，在 20 世纪 80 年代，日益增长的信息通信技术投资推动了服务创新活动的兴起和发展。尤其是计算机硬件技术、通信设备及相关软件的技术进展，极大地影响了服务创新的产生和运行。英国商业、企业和管理改革部（BERR，2008）的官方报告指出，信息通信技术已经成为当前服务创新活动的重要驱动力，尤其是互联网技术的发展与普及，极大地改变了服务活动的生产和盈利模式。Erocal（2005）通过对 14 个大型跨国服务型企业的服务创新活动进行研究，发现信息通信技术的广泛应用与服务创新活动的成功开展有着密切的关系。Salter 和 Tether（2006）也高度肯定了信息通信技术在服务创新中的重要作用，认为电话、计算机、电子数据交换及互联网等技术，已经成为当前服务创新活动的基础。

（2）人力资源

人力资源是制造业企业服务创新的关键因素。服务创新从新构想的产生到服务创新成果商业化的整个过程，离不开人的智慧和劳动。制造业企业服务创新的无形性和知识技术密集性等特征，决定了拥有知识和技能的高素质人才，对制造业企业服务创新活动中新思维的产生、信息和知识创造、新思维的生产实现等过程起着关键作用。此外，服务创新活动涉及较多未经编码的隐性知识，其存储和传递主要依靠作为知识载体的员工。

与其他类型的创新活动相比，人力资源对制造业企业服务创新活动的影响更为突出和明确。这一点可以根据从事服务相关活动的员工素质高于从事制造活动的员工素质中得到证明（Noyelle，1986；Meisenheimer，1998；Dirk，2005）。CBI创新调研结果表明（Coombs et al.，1998），服务业企业的技工、科学家和其他专业人员数量是制造业的3倍，一定程度上表明人力资源对服务创新活动的重要性。基于"Pre CIS-2"的调研结果，Tether等（2001）发现，作为创新投入的人力资源，对服务创新活动的重要性远高于其他创新活动。"Innobarometer"结果表明（Howells et al.，2004），"员工的资质和专业素养"是影响服务创新活动最重要的因素。制造业企业中服务活动的增加及低技能岗位向知识密集型岗位的转变（Dirk，2005），也表明人力资源对制造业企业服务创新过程的重要作用。

此外，随着知识和信息的积累，在制造业企业内部拥有跨领域综合知识和丰富市场经验的企业员工，逐渐开始从事相关知识咨询、市场分析等职能的工作。这类员工被称为知识天使（knowledge angle），其对制造业企业服务创新活动起着十分重要的作用。

（3）企业研发投入

早在20世纪80年代，技术进步就已经被认为是驱动经济增长的强劲动力（Romer，1986；Lucas，1988）。波特教授也在其著作《竞争优势》（1985）中指出，技术进步在产业结构调整和新产业诞生方面发挥着巨大的作用。在创新相关研究领域，制造业创新或技术创新一直是研究主题，大量研究关注技术进步及其商业化进程在社会经济生活的作用。随着知识经济的兴起和信息通信等新技术在社会生活中的广泛应用,越来越多的新技术逐渐渗透到服务活动中,极大地方便了制造业企业服务创新活动的开展。

学术界对制造业企业服务创新活动与企业研发投入的关系仍存在较多争议。部分学者(Howells et al.,2004;OECD,2005)认为,研究开发活动对服务创新并不是必需的,因为近一半的服务创新活动并不涉及研究开发相关活动。Hipp 和 Grupp(2005)也指出,与技术创新相比,企业内部的科学技术和研究开发等活动对服务创新发挥着十分有限的作用,因为仅 17% 的创新支出用于研究开发的内部支出或外包。

然而,部分学者认为研究开发在制造业企业服务创新活动中的作用可能被低估,这主要是因为服务活动中的研究开发支出较难测度(Djellal et al.,2003;Miles,2005)。研究开发统计范围较窄,部分对服务创新来说十分重要的研究开发活动被排除在外。按照奥斯陆手册(2005)意见,专利申请维护相关费用、市场调研、试生产、流程再造,以及工艺组装(tooling up)等成本支出,被排除在研究开发支出之外。而实验工厂、原型试制、工业设计、工业发展等活动支出,也只有部分被认为是研究开发活动。此外,服务创新活动中存在着大量的非正式研究开发活动,如商业设计、非正式创造性实践、商业分析、市场研究、软件发展等。在现行研究开发投入测度标准下,这些活动的费用支出未能被列入研究开发经费支出。因此,被低估了的企业研究开发支出导致研究开发对企业服务创新的作用被低估。这一观点也被部分学者认同(Young,1996;Revermann et al.,1999)。

实际上,研究开发活动对制造业企业服务创新过程有一定影响。制造业企业服务创新活动的成功开展,较多依赖商业模式和服务概念的新颖性,而新颖性一方面来源于市场上的客户需求;另一方面来源于制造业企业的研发活动。Edwards 和 Croker(2001)通过分析 OECD 数据发现研究开发对服务创新活动的重要作用,并指出服务创新活动中的研究开发,重点关注与企业软件和硬件供应商的联合研究,以促进技术尤其是信息通信技术在企业的应用发展。Rosa(2004)指出,研究开发活动在加拿大的服务活动中发挥着日益重要的作用。服务活动中的研究开发活动不仅是技术性活动,也包括社会研发活动、解决研发活动、行为和偏好研究、商业风险分析等活动。Salter 和 Tether(2006)对不同类型的欧洲企业进行观察后得出,创新较为活跃的服务活动中的研发活动远多于制造活动中的研发活动。扬名（2008）认为，服务创新活动本身并不涉及研究开发，而是在整个组织里诱发和搜集创新概念，并作为战略的控制者，对创新概念是否在战略框架里发展进行监督和控制。

此外，研究开发活动也能为制造业企业的服务创新提供有效支持和帮助。企业内部的研究开发有助于外部有用信息和知识的识别、理解和吸收，从而促进服务创新活动的开展和顺利进行。在知识经济时代，知识信息迅速膨胀发展，企业不可能依靠自身实力进行所有的知识创造活动。对外部有价值信息、知识、技术的发现、甄别和有效利用，对企业而言极其重要。通过企业内部研究开发活动及外部合作研究、学习等活动，企业的知识识别、吸收、创造能力得到显著提高，从而在一定程度上促进了服务创新的产生和顺利进行。

4.3 战略与管理因素

在制造业企业中，战略与管理能力和服务创新有着密切联系。战略能力是企业动态能力的一部分，主要指在变化莫测的市场环境下，企业实现新的资源优化配置的组织和战略路径。缺乏战略的企业只关注企业短期利益而不是长远发展和未来机遇（Miles et al.，1978），这将导致企业的短期行为和发展的停滞。Salter 和 Tether（2006）将服务活动中生产率的提高，归功于新技术与新管理思维的融合，这也从一定程度上反映了战略与管理能力对企业服务创新活动的重要作用。尽管企业战略和先进管理方法在创新活动中的重要作用已经得到大多数学者的肯定，但其对服务创新的影响却鲜有研究。企业的战略与管理能力确保企业对变化的外部环境进行战略性长远思考，开展最为适宜的服务创新活动以应对当前变化的环境，并确保企业服务创新过程的协调发展。

企业的战略与管理能力涉及企业战略、企业家精神和战略管理等方面。积极的战略与管理因素能确保制造业企业服务创新活动的战略方向和高效运行。长远发展战略和创新精神能够大力推动企业内部服务创新活动的开展和顺利进行。而那些企业战略相对保守，不愿承担创新风险和不确定性的制造业企业，服务创新活动则会较少开展，服务创新能力也相对较低。

（1）企业战略

总的来说，企业的战略分为 3 个层级，分别是公司级战略（即企业战略）、业务级战略和运行级战略，它们是企业价值观、宗旨和目标，以及公司文化的体现。业务级战略关注在特定市场上企业业务模式的战略选择，如选择何种产品以满足市场需求、如何获得竞争优势、如何识别甚至创建新的机会等（Barney，1986；Brandenburge et al.，1996）。运行级战略更多地关注细节运行，包括特点产品的市场战略、新产品开发战略、人力资源战略、供应链战略、财务战略，以及法律战略等（Sharma et al.，1997）。然而，这两种战略过多关注短期和中期企业行为，而对制造业企业服务创新能力产生重要影响的，主要是面向长远发展的企业战略。

企业战略是企业的价值观、宗旨和目标、发展政策和计划等面向企业长期发展需求的战略过程。Porter（1996）认为，企业战略是一系列决策和行动的集合，其目的在于使本企业获得优于竞争对手的业绩和竞争优势。这些活动是企业特意选择不同的行为集合，以向市场传递企业特有的价值。Foss（1998）认为，企业战略是企业做出的一些决策，这些决策决定并揭示了企业的宗旨、目标、目的，导致一系列政策和计划在企业开展以实现这些目标，并决定着企业的业务领域和范围。此外，企业战略还决定了企业的属性和特征，以及采用何种措施确保企业特有属性特征的实现（Morris et al.，2008）。

在知识经济时代，企业战略关注未来发展和长期竞争优势建立的制造业企业，十分注重服务创新活动的开展和服务创新能力的提升。从某种意义上说，企业战略决定着制造业企业的市场行为：是选择低成本战略占领市场，还是通过开展服务创新活动获得竞争优势。那些关注低成本领先优势的企业，将大部分资源用于降低成本的优化配置，而忽略企业服务创新活动的开展。而那些较多关注服务创新活动的制造业企业，将会投入更多的资源和精力用于开展服务创新活动，从而推动服务创新的开展和成功。

（2）企业家精神

对制造业企业来说，企业家精神也关注企业宏观层面的生产经营和创新活动。企业家精神在识别和有效运用各种机遇、促进新业务和新企业的建立和开展，以及原有业务的复苏方面，发挥着重要作用。企业家精神与不确定性和风险有着密切联系（Knight，1967；Rumelt，2005）。企业家精神中最重要的特点是创新性，这一点早就被熊彼特（1961）及其著名的"破坏性创造"强调。熊彼特创新理论的后继者，如Drucker（1985）也认为创新是企业家精神的核心。此外，大部分学者也认为企业家精神是创新活动的基础（Amit et al.，

1993；McGrath，1996；Stevenson et al.，1990）。企业家精神也包括增强企业风险承受能力、机遇甄别能力和创新能力等采取的一系列企业行为（Zahra，1995）。Elspeth 等（2005）认为，企业家精神是与创新活动有着紧密联系的企业家态度、愿景和行为。Morris 等（2008）认为，企业家精神的识别过程，是机遇的识别、商业概念的确定、资源的获取和优化配置、概念的执行和管理，以及成果成功商业化的全过程。总的来说，企业家精神与创新活动有着密切联系，因此对制造业企业服务创新过程的顺利进行也发挥着重要的作用。

（3）战略管理

战略管理更偏重企业内部微观层面的管理活动。战略管理主要关注企业管理措施，规范公司行为，围绕企业战略开展。战略管理确保企业内部的基础运行和相关活动能够有效促进企业的增长和发展，并推动企业战略的制定围绕企业价值开展（Schendel et al.，1978）。战略管理能够规范和指导公司的生产运营，为企业带来不同类型的能力和优势（Teece et al.，1997）。一方面，战略管理涉及企业内部一系列计划的有效管理和运营，以合理利用外部机遇建立企业内部优势（Morris et al.，2008）。这些计划包括公司目标、发展战略，以及政策措施的制定。另一方面，战略管理包括对企业外部环境的战略思考。战略管理能够确保企业行为面向企业长期发展，以有效利用各种优势资源，建立企业长期的竞争优势。对制造业企业服务创新活动来说，战略管理能够通过一系列管理活动，优化配置各种创新资源，推动和促进服务创新活动的顺利开展。

4.4 知识天使

知识天使在制造业企业服务创新过程中也发挥着重要的作用。"知识天使"是一个全新的概念，由 Emmanuel（2008）提出，用以描述那些在企业内部，执行特定知识相关职能的人。知识天使的职能主要包括：①企业内部的"咨询"职能；②对市场机会和前景的高度预见和推动；③将知识、人力资源、创新活动有机融合的能力。与天使投资人（business angel 或者 capital angel）利用投资促进新企业的成功创建类似，知识天使主要利用内外部知识促进企业服务创新活动的顺利开展和成功。从一定程度上来说，知识天使是服务创新能否成功的关键，他们帮助企业识别和获取核心知识技术、信息和内外关系以确保服务创新活动的顺利进行。

知识天使并不仅行使知识相关职能，也行使战略和市场相关职能，如识别未来发展趋势、捕捉市场机遇并比竞争对手提前做出正确的决定。从某种意义上来说，知识天使拥有"第六感"，其感知市场上的商业机会并运用自己丰富的知识选择正确的应对措施。对制造业企业服务创新来说，知识天使在能力建设上发挥着重要作用。知识天使运用自己丰富的知识和未来趋势感知能力，为制造业企业服务创新活动带来新的灵感，并推动服务创新进程的顺利开展。

首先，知识天使拥有不同领域的丰富知识，便于其对市场趋势做出分析判断。由于金融风险和信息高度不对称，制造业企业服务创新活动面临极大的不确定性。服务创新活动要求与客户、供应商等的高度互动，有可能受到市场上信息不对称等情况的严重阻碍，导致企业无法正确识别市场上的客户需求和创新机会。因此，拥有丰富专业知识的知识天使就通过降低信息不对称而促进服务创新活动的开展。一方面，知识天使拥有特定领域的丰富专业知识，对产业特征和相关技能有着深入的理解；另一方面，知识天使熟悉不同领域的相关知识，能够在需要的时候及时迅速地寻找有用信息，为服务创新活动提供必要支持。从一定程度上来说，知识天使的"第六感"建立在政治、经济、科技、社会、环境等领域丰富的信息和知识基础上。

其次，知识天使还发挥着联系企业与外部知识信息的桥梁作用，促进信息和知识在企业内流动。知识天使精通某个领域的专业知识，并对其他领域的相关知识有一定的了解。从这方面来说，当遇到问题时，知识天使知道应该向谁寻求帮助。尤其在当前开放式创新盛行的时代，服务创新的复杂性愈发使得企业单凭自身实力很难成功开展。而知识天使的桥梁作用，使得企业能够向合适的外部主体寻求帮助，从而及时获得服务创新所需的外部知识。这样来说，知识天使不仅是知识的提供者，还发挥着知识媒介的作用，促进有用的外部信息和知识向企业内部的流动。

最后，知识天使最重要的功能，是其对未来市场趋势和机遇的感知和识别，并综合运用自己和企业外部的丰富知识，做出正确的应对选择。由于服务创新的无形性及其与客户和供应商等的紧密联系，感知并捕获市场发展趋势和机遇，明确制造业企业服务创新活动的发展方向，降低其市场不确定性和风险，提升企业的服务创新能力尤为重要。此外，比竞争对手更早地感知市场机遇，能够为制造业企业带来服务创新的先发优势，促进新的服务概念和商业模式的产生和发展，同时提升企业的服务创新能力。

4.5 外部宏观因素

外部宏观因素也对制造业企业的服务创新过程产生一定影响。总的来说，影响制造业企业服务创新过程的外部宏观因素，主要包括社会经济环境、技术环境和政策环境。这些外部因素既能产生积极影响促进服务创新活动在制造业企业的开展，又能成为消极因素减缓甚至阻碍服务创新活动的进行。

当前，影响制造业企业服务创新活动的社会经济环境因素，主要包括社会经济全球化、金融危机、融资环境等。全球化已经成为当前社会经济发展的重要特征，极大改变了制造业企业的生产经营方式，对制造业企业服务创新也产生一定影响。一方面，社会经济全球化使企业突破地域限制，在全球范围内优化配置科学、技术、人才、资金、信息等各种创新资源，推动企业服务创新思维的产生和发展；社会经济全球化趋势提供了资源全球优化配置的可能性，并允许企业将设计、研发、生产等活动根据区位优势在全球重新布局。资源和企业生产经营活动的全球布局，为制造业企业的价值创造模式提供了新的思维视角，一定程度上促进了服务创新活动的出现和发展。另一方面，社会经济全球化为企业的服务创新成果商业化提供了更为广阔的市场。由于服务创新的无形性特征，创新成果难以储存和保护，需要快速在市场上商业化以赚取高额利润。社会经济的全球化趋势为服务创新提供了广阔的国际市场，促进服务创新成果在全球的扩散和应用。然而，社会经济的全球化趋势也将地方市场的竞争扩大到国际舞台，使地缘优势逐渐丧失，并加剧服务创新的竞争激烈程度。

金融危机也对制造业企业服务创新过程产生重要影响。在金融危机压力下，制造业企业制造产品的利润更加微薄，甚至难以维持正常的生产经营活动。金融危机迫使部分制造业引入新的生产经营模式，开展服务创新活动以增加产品和服务的附加值，在为消费者带来较高客户价值的同时，为企业带来大量超额利润。

融资环境也在一定程度上影响制造业企业服务创新的开展。制造业企业的服务创新活动需要资金支持，以购买必要的创新资源确保创新活动的顺利进行。此外，服务创新的品牌锁定性决定了制造业企业需要雄厚的资金实力以便在市场上树立企业品牌和声誉，确保服务创新成果成功商业化。因此，适宜的融资环境也促进了制造业企业服务创新活动的开展。

宏观因素中的技术环境主要指当前技术的发展水平。由于制造业企业服务创新活动的知识技术密集性特征，技术发展水平对服务创新过程也产生重要影响。技术环境是制造业企业服务创新的技术基础，为制造业企业服务创新活动提供必要的支撑条件和实现工具。服务创新构想的产生、发展和实现，依赖当前技术的发展水平。由于技术对制造业企业服务创新的影响已在知识因素中有详细阐述，此处不再详细论述。

政策环境是制造业企业服务创新的研究热点。本书将在第七章专门探讨，这里仅给予简单介绍。影响制造业企业服务创新过程的政策环境包括促进和推动各种创新资源向企业服务创新活动聚集的政策工具。这些政策工具提供了各种促进企业创新活动开展的有用信息和支持手段。例如，开展面向未来的创新路线图计划以指导和调整国家层面和企业层面的创新及其相关活动，颁布具体政策消除阻碍创新活动开展的旧规章制度，调拨专项资金支持企业创新活动，或者提供税收减免等优惠措施鼓励企业开展创新活动。然而，不恰当的政策工具可能阻碍企业服务创新活动的开展。例如，对部分产品市场采用过于严格的准入制度，虽然其本意在于控制竞争以保护本国产业，但有可能同时损害该产品市场企业开展服务创新活动的积极性，从而阻碍服务创新活动，最终影响整个产业的发展。当前，影响服务创新活动的政策工具主要包括[①] 规制和创新（governance & horizontal research and innovation policies）、研究开发（research and technologies）、人才队伍建设（human resources）、培育创新型企业（promote and sustain the creation and growth of innovative enterprises），以及市场和创新文化建设（markets and innovation culture）等。

4.6　制造业企业服务创新过程影响因素发展演化

4.6.1　知识学习机制

制造业企业服务创新过程中存在知识学习机制，其为服务创新活动的开展和顺利进行提供必要的知识技术，并将这些知识技术内化为企业的知识系统，以增强企业服务创新能力。知识系统是企业内部生产、储存、共享及传播"被

---

① 　Main page of PRO INNO Europe . http：//www.proinno-europe.eu/index.cfm？ fuseaction=page. display&topicID=262&parentID=52.

企业内部普遍接受了的事实和价值判断"（Nonaka et al., 1995）。知识分为可以文本化的显性知识，以及信仰、隐喻、直觉、思维模式和技术诀窍等隐性知识。显性知识可以通过规范化、系统化的语言进行传播交流，而隐性知识往往通过"干中学""用中学"等方式获得。Blind 等（2003）也指出，两种类型知识的区别主要在于知识形式的物质特征。

在制造业企业服务创新影响因素学习过程中，经验曲线效应（experience curve effect）发挥着十分重要的作用。经验曲线效应为：

$$Y_i = Ki^{\log_2 b} \tag{4-1}$$

其中，Y_i 是生产第 i 单位知识产权的成本，K 为生产第一单位知识付出的成本，b 是学习比率，为一定值。

与其他类型的创新活动相比，制造业企业的服务创新活动需要更多的信息和知识，因此知识学习成本对服务创新活动有着重要的影响。依据经验曲线效应，学习过程是一个先缓慢提升，再快速增加，最后趋于缓慢上升的过程。制造业企业服务创新无形性和难以保护等特征，要求在企业内部尽快完成相关学习过程，将服务创新成果尽快推向市场，以获得先发优势。此外，相对于技术创新活动，服务创新活动更多依赖新灵感和新思维，技术复杂度相对较低。因此，制造业企业服务创新活动的学习过程，其缓慢起步阶段一般较短，然后迅速进入加速增长阶段，并随着服务创新活动在企业内部的基本完成，进入增长又相对缓慢的高原阶段，如图 4-2 所示。制造业企业服务创新学习过程的知识产出速度较快，知识累积不断增加，服务创新成本迅速下降，相应服务创新成果的个别价值也有较快的下降，在服务创新成果社会平均价值不变的前提下，企业获得了更多的超额利润。

制造业企业服务创新过程影响因素之一的知识学习机制，是一个从知识和能力的累积到内化吸收的知识能力升级过程。随着知识学习过程的不断循环，制造业企业的服务创新能力不断增强，成功的服务创新活动不断开展。企业的动态学习过程包括知识累积阶段、知识表达阶段、知识编码阶段，以及知识内化吸收阶段等 4 个重要阶段。这一动态学习过程涉及企业多方面活动，如企业管理活动、企业内部沟通交流、企业与外部的合作、企业先前的知识经验和实践活动等。首先，企业将先前实践活动的各种经验、信息、知识和技能进行内

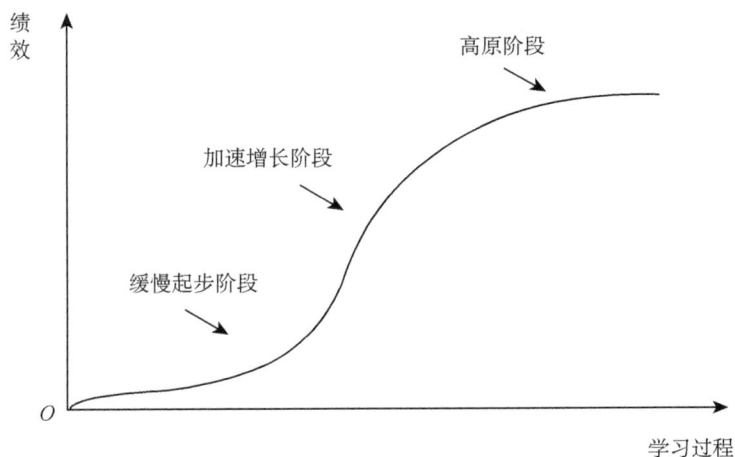

图 4-2　制造业企业服务创新过程学习曲线

（资料来源：WRIGHT T P. Factors affecting the cost of airplanes [J]. Journal of aeronautical sciences，1936，3（4）：122-128.）

部汇集。由于这些知识和技能多为未经编码或不易编码的隐性知识，企业内部开始对收集的知识信息进行集体学习和规范性系统整理，以降低不确定性，便于下一阶段的知识编码活动。其次，知识表达阶段完成后，企业按照特定逻辑，将知识纳入一系列由特定规则和关系组成的知识系统，以便于知识的传播和交流（Kogut et al.，1992）。最后，经过编码的知识通过企业内部的消化吸收活动，与企业原有知识有机结合，成为新的知识系统，企业的知识能力得到极大增强，知识学习进入下一个循环过程。

4.6.2　发展演化路径

制造业企业服务创新过程影响因素的演化路径，是影响因素从初级向高级的发展演化过程。波特（1990）将影响国家竞争优势的要素分为初级要素（basic factor）和高级要素（advanced factor）。初级要素是一国先天获得的优势资源，是被动继承的，包括自然资源、气候、地理位置、不掌握技术的工人和掌握初级技术的工人、国家融资等；高级要素主要依靠一国的主动创造，并必须通过持续的投入来维持，包括 ICT 基础设施、高等教育人才如科学家、工程师等，以及专业领域的大学和研究机构。国家竞争优势主要建立在高级要素的数量和质量上。高级要素的创造离不开初级要素，初级要素的数量和质量是创造高级要素的基础。

制造业企业服务创新过程影响因素的发展演化，也是企业先期获得的市场因素、知识因素、战略与管理因素、知识天使等影响因素高级化的过程，主要经历识别与学习、整合与重构，以及吸收与内化等 3 个阶段。制造业企业通过学习机制，选择性收集、整合并重构必要的资源和能力，并通过内化活动将原有的影响因素与企业原有服务创新资源能力相融合，促进影响因素高级化发展，以推动制造业企业服务创新过程的顺利开展，如图 4-3 所示。

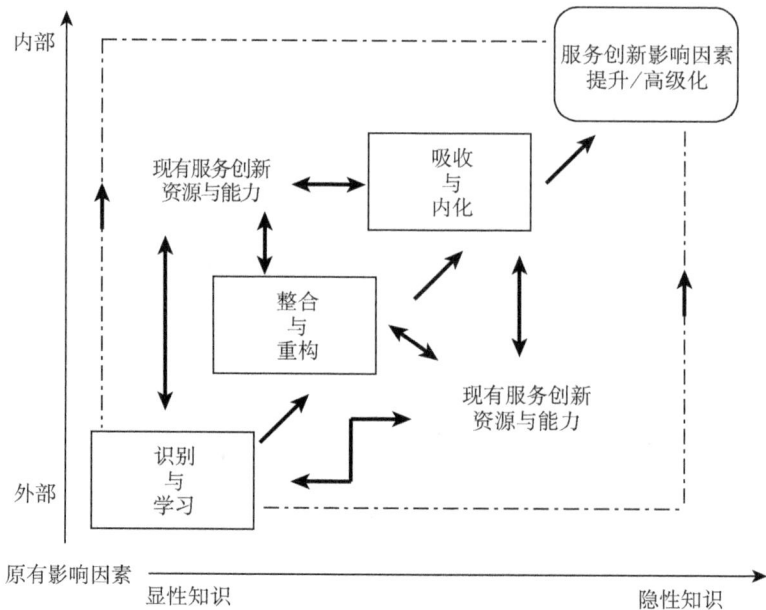

图 4-3　制造业企业服务创新过程影响因素发展演化路径

在制造业企业服务创新过程影响因素发展演化的第一阶段，知识、战略、协作、市场技能、知识天使等相关影响因素在企业内部和外部随机流动。为捕获并识别这些能力和因素，以提高企业服务创新能力并推动服务创新过程顺利进行，制造业企业开展了一系列选择性识别和学习过程。企业收集整理识别知识、技能、战略、惯例、协作和外部关系等相关因素。这一过程类似生物学中适者生存、不适者被淘汰的自然选择过程。制造业企业服务创新过程的自然选择，伴随着诸如知识和惯例等高级因素在市场上流动，部分制造业企业有意识的收集识别相关能力和资源，以促进企业服务创新活动的顺利进行。

通过对能力和资源的识别和学习，企业进入整理重构阶段，将能力和资源整合成有机系统以实现协同效应。制造业企业服务创新过程影响因素的整合及重构过程，充满了企业家和知识天使对不同能力和资源的整合及重构活动。而企业整合及重构活动，受到企业优势、劣势、公司偏好和风险偏好，以及企业文化等的影响。例如，拥有较强内部设计和研发能力的企业，往往注重对知识相关能力的整合和重构，而具有开放文化和较强风险承受能力的企业则比其他企业更愿意整合创新相关因素以创造更多的创新机遇。随着整合及重构阶段的开展，企业的单个能力和资源被有效整合入企业组织系统，影响制造业企业服务创新过程的关键因素如知识因素、战略与管理因素、市场因素及知识天使等得到极大提高。

前两个阶段的个体资源和能力，通过合并、内化或替换活动，有效融入制造业企业服务创新过程的影响因素中。内化活动通常伴随着与现有服务创新过程影响因素的高度交互活动。新的能力和资源融入或取代现有制造业企业服务创新过程的影响因素，从而使企业服务创新能力显著提高。内化形式取决于企业原有资源和能力及需内化的能力和资源的属性特征。部分现有资源和能力是企业服务创新过程的关键，新的资源和能力则作为这些能力的有效补充和支持而被选择性的吸收内化；而那些不能很好适应变化的外部环境和企业服务创新能力发展的资源和能力，则会被新的资源和能力取代。

随着内化过程的完成，新的资源和能力有机融入制造业企业原有服务创新过程中，制造业企业服务创新过程影响因素实现了完整的高级化过程，企业服务创新能力有了不同程度的提高。伴随外部环境的发展变化，新的机遇和挑战不断涌现，制造业企业服务创新过程影响因素开始了新的发展演化过程。随着制造业企业服务创新过程影响因素的发展演化，外部知识、能力和资源不断引入企业内部，极大地推动了制造业企业服务创新活动的开展。

4.7　小结

本章重点分析了影响制造业企业服务创新过程的关键因素，认为制造业企业的服务创新过程，不仅受到市场因素、知识因素、战略与管理因素和知识天使等因素的影响，还受到外部宏观环境如社会经济环境、技术环境和政策环境等的影响。这些因素经过识别与学习、整合与重构,以及内化的发展演化过程,推动制造业企业服务创新过程不断向前发展。

制造业企业服务创新过程,受到知识、技术、企业研发活动、战略与管理、客户需求、供应商、竞争对手等各方面因素的影响。制造业企业需要有效收集、整合、运用各种服务创新资源,确保企业服务创新活动的顺利进行,在企业获得超额利润和客户获得消费者剩余的同时,创造巨大的社会效益和经济效益。其中,市场因素包括客户、第三方物流、外包厂商、供应商、竞争对手行为偏好等相关信息的感知和捕获,这是制造业企业服务创新构想产生和商业化活动成功开展的重要因素;知识因素包括先进技术、人力资源,以及企业研究开发投入等,它们共同决定了制造业企业服务创新知识基础的强弱;战略与管理因素涉及企业战略、企业家精神和战略管理等方面,是制造业企业开展服务创新活动的战略保障;知识天使能够识别未来发展趋势、捕捉市场机遇并比竞争对手提前做出正确的决定,也对制造业企业服务创新活动产生重要影响。此外,社会经济环境、技术环境和政策环境等外部宏观因素,也一定程度上促进服务创新活动在制造业企业的开展。

制造业企业服务创新过程影响因素的演化路径是影响因素的高级化过程,经历了识别与学习、整合与重构,以及吸收与内化等3个阶段。通过学习,制造业企业选择性收集、整合并重构必要的资源和能力,并将其与企业原有服务创新资源和能力相融合,以推动制造业企业服务创新过程的顺利开展。

第五章
基于服务创新的制造业企业服务转型研究

　　服务创新活动的兴起和繁荣，优化了制造业企业的资源配置，增强了制造业企业的生产经营能力和效率，改变了制造业企业的盈利模式，极大地推动了制造业企业的发展和社会整体财富的增加。此外，由于当前金融危机的国际背景，制造业市场萎缩。在服务创新的推动下，部分制造业企业开始主动寻求服务化转型，以期更好地满足市场上的客户需求，同时创造大量新价值并获得高额回报。本章重点研究服务创新驱动下的制造业企业服务转型进程，对制造业企业服务转型趋势、转型战略选择，以及转型进程进行分析探讨，并基于案例研究，提出基于服务创新的制造业企业服务转型典型路径。

5.1　服务活动在制造业的兴起

　　日益激烈的竞争压力和金融危机，迫使制造业企业开始关注新的价值创造方式和制造产品的服务增值。由于服务增值带来的高额利润和良好的品牌形象，制造业企业纷纷引入各种服务活动，服务创新和服务转型趋势显著，服务化（servitization）已经成为当前制造业企业的重要战略。部分学者清楚地描述了服务业与制造业的融合（Bruce et al., 1988），如图 5-1 所示。通过相互间的贸易往来与合作，社会经济财富在制造活动和服务活动中双向流动。制造业企业大量引入服务活动，以方便制造活动，并创造更多价值。服务活动作为中介性活动，为制造业产品提供批发、零售、修理等媒介服务，从而将制造业产品传递到消费者手中；服务活动为制造业企业提供大量支持性服务，如会计、法律、广告、咨询等，以支持制造业企业的生产经营活动。此外，公共服务活动如政府提供的教育、医疗、道路维护等，也对制造业企业生产经营活动的顺利进行和企业健康发展做出了巨大贡献。

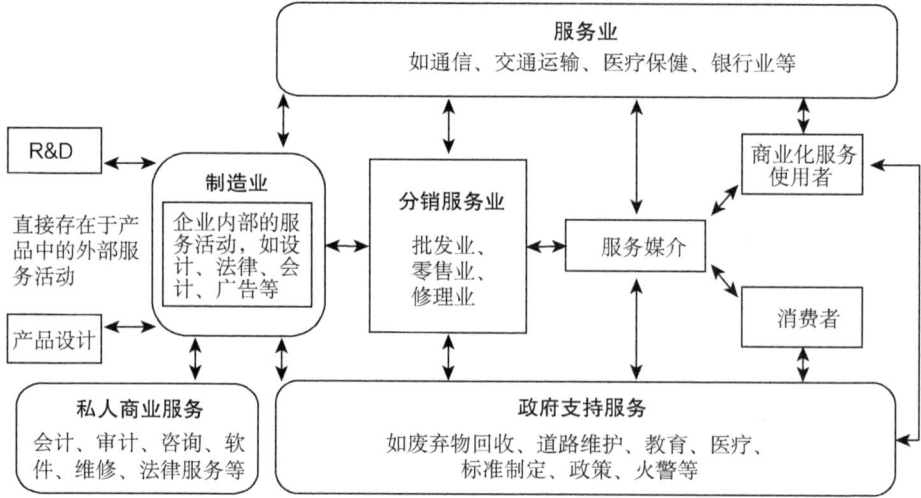

图 5-1　制造活动与服务活动的交互

（资料来源：GUILE B，QUINN J. Managing innovation：Cases from the services industries [M]. Washington，DC：National Academy Press，1988.）

随着服务活动与政治活动融合进程的加剧和服务创新活动在制造业的日益增加，制造业产品往往提供附加服务或以制造产品和服务相结合的方式出现，制造业和服务业的界限日趋模糊（Pilat et al.，2005）。此外，随着科学技术的发展，生产规模不断扩大，生产效率持续提高，市场进入物质产品相对"过剩"的买方市场时期，消费者的价值实现逐渐从产品价值向服务价值转变。消费者不仅关注制造产品的质量和功能，更注重产品相关服务和支持、产品形象等。企业需要提供更多的专业化服务，以满足客户舒适性、便利性等心理需求。越来越多的服务元素被引入制造业生产经营活动和创新活动中，推动了制造业服务转型进程。

制造业企业服务活动的兴起，首先表现为企业投入的服务化。在主要发达国家，制造业企业投入的服务化趋势日益显著，刘继国和赵一婷（2006）通过对 OECD 投入产出数据进行分析，发现自 20 世纪 70 年代初期以来，日本、加拿大、美国、法国、丹麦、澳大利亚、英国、荷兰、德国等发达国家制造业对服务业的依赖程度逐渐提高，依赖度上涨近 10 个百分点。其次是制造业企业产出的服务化，如现在已经很少有企业属于纯粹的制造业企业，大部分企业如 GE、IBM 等已经实现或正在进行服务转型。

一方面，制造业企业大量引入服务创新活动以额外获得大量新价值，或者用服务创新成果逐渐取代制造业产品使之成为企业价值创造的主要源泉。丹麦开展的调研表明（Drejer，2008），2004 年，44% 的交通运输设备制造业企业在 NACE 代码中的分类不仅涉及制造行业，也涉及服务行业。在电子元器件制造业和仪器设备制造业，也分别有 42% 和 37% 的企业同时从事制造活动和服务活动（指企业在 NACE 代码中的分类同时涉及制造行业和服务行业）。IT 行业存在大量制造业企业服务转型的经典案例，如 IBM 提供的整合软硬件的行业解决方案和苹果公司研发的作为其 MP3 播放器重要补充的 iTunes 及其相关服务。

另一方面，服务创新活动日益注入新技术、新仪器设备等制造元素（也可以称为服务创新的制造化），也在一定程度上促进制造业企业服务创新活动的开展，加速服务转型进程。随着信息通信技术的飞速发展及其在社会经济生活中的渗透与广泛应用，其已经成为当前大部分创新活动包括服务创新活动的技术基础和基本保障。制造业企业的服务创新活动和服务转型已经不仅局限于知识密集型服务活动和高技术产业，在传统制造业中也经常发生。

服务创新活动在制造业的兴起和繁荣，使得制造产品的市场竞争从同质产品的价格竞争向提供从售前到售后服务或产品服务一体化的多样化产品转变，以满足市场上不同的客户需求（Baker et al.，2008）。通过大量引入服务创新活动并开展服务转型，制造业企业创造了大量的客户价值和社会财富，企业竞争优势得到进一步增强。迄今为止，一半以上的世界五百强企业为跨国的服务相关企业，也从一个侧面反映了制造业企业的服务转型趋势。

5.2 服务创新在制造业企业转型中的作用

服务创新活动在制造业企业的开展，将制造产品转变成了制造产品、附加服务、支持服务、自助服务、增值服务、相关知识和技能等融合的服务包 / 解决方案，丰富了制造业企业的产品内涵，推动着制造业企业的服务转型。

产品是通过劳动和努力产生的结果，是将物质资源和人力资源等输入转化为输出的活动结果，是企业获得市场份额、实现商业利益的载体。科特勒在其著作《营销管理：分析、计划、执行和控制》[①] 中认为，产品是市场上提供的能够引起注意、让大家获取、使用，并能够满足消费者需求的东西。传统意义上，制造业企业提供的产品主要是有形的物质产品，以满足市场上客户需求。服务被认为是商品的非物质部分，服务的提供是一种不产生所有者权利的经济活动，是通过提供无形性活动创造效益的过程。马克思认为："服务这个名词，一般来说，不过是指这种劳动所提供的特殊使用价值，就像其他一切商品也提供特殊使用价值一样；但是这种劳动的特殊使用价值在这里取得了'服务'这个特殊名称，是因为劳动不是作为物，而是作为活动提供服务的"[②]。马克思首先肯定服务的价值，认为服务具有其他一切商品所具有的使用价值和交换价值，与其他商品的差别只是在形式上，服务的具体表现是各种形式的活动。Gadrey 等（1995）将服务的提供定义为"提供一个解决问题的方法……但通常不包括物品的提供。服务是按照客户的不同需求，将一系列能力和资源（人力的、技术的和组织的）进行组织，以提供一个解决方案。"

科特勒认为，产品可以按照功能、质量、服务等特性分为 5 个层次，包括：①产品的核心利益（core benefit of product），即客户实际购买的最基本的效用；②基本产品（generic product），即第一层次的核心利益物化的产品；③期望产品（expected product），即产品供应商从客户角度出发，提供一系列满足客户需求的附加功能；④扩大的产品（augmented product），即产品供应商为消费者提供的较为完善的需求满足方案；⑤潜在产品（potential product），即产品供应商目前正在寻找的能够更好地满足客户需求的全新方式。如图 5-2 所示。

从产品和服务概念出发，Drucker（1998）指出，制造业的起点不是生产和制造产品，而是生产出服务以使顾客能充分得到来自产品的各种利益——产品制造是成本中心，服务则成为利润中心。为获取更多利润，制造业企业纷纷引入高附加值服务创新活动。服务创新成果可以是新的附加服务，为制造业产品带来新增价值。服务创新能够优化制造业企业的资源配置，创造新的商业模式以满足市场上客户的不同物质或精神需求。服务创新影响甚至改变部分制造业企业的主要盈利模式，从主要依靠制造产品带来新增价值的盈利模式转变到

---

① 科特勒.营销管理：分析、计划、执行和控制 [M]. 9 版.上海：上海人民出版社，1999.
② 中共中央马克思恩格斯列宁斯大林著作编译局.马克思恩格斯全集（26 卷）第 1 分册 [M].北京：人民出版社，1979.

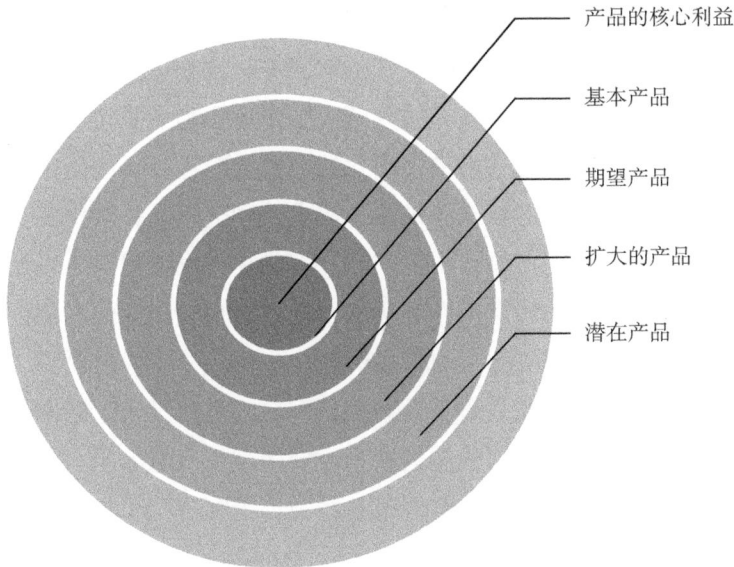

图 5-2　科特勒的产品概念

（资料来源：科特勒 . 营销管理：分析、计划、执行和控制 [M].9 版 .
上海：上海人民出版社，1999.）

依靠解决方案等以服务产品为核心的盈利模式，推动了制造业企业的服务转型。
此外，服务创新所带来的巨大社会效益和经济效益，极大地推动了社会经济发
展并扩大就业，为全社会人民生活水平的提高做出了巨大贡献。

　　首先，服务创新成果可以是新的附加服务，作为制造产品的有效补充而在
市场上存在。制造业企业服务创新活动，最初仅仅作为制造产品的必要补充或
有效支持而存在。服务创新在制造业企业的最初引入，主要是为了提高制造产
品的销售额。例如，制造产品的市场竞争主要是同质产品依靠低价战略来争夺
市场。部分制造业企业通过提供一些差异化服务或锁定服务，以提高制造产品
的销量。再如，一些农副食品制造商为了显示自己产品的与众不同，引入新的
健康概念如"绿色食品""有机食品"等以显示产品的与众不同，提高产品销
量，赚取高额利润。而海尔的最初盈利模式也是通过 24 小时全方位高质量的
售后服务以树立该品牌在消费者中的形象，提高其产品的市场占有率。

　　其次，服务创新影响并改变了部分制造业企业的盈利模式，从主要依靠制
造产品创造新增价值赚取利润，到通过提供高附加值的新服务或产品与服务的

集合以获得高额利润的盈利模式上来。服务创新通过优化制造业企业的资源配置，提供更为贴近市场的制造产品及其附加服务，或创造全新的商业模式，从而更好地满足市场上的客户需求。服务的主要作用是为满足市场上顾客的物质或精神需求，服务创新则通过提供多样化的、更为贴近市场的附加服务或将服务和制造产品有机整合，更好地满足客户需求并创造较高新增价值。通过服务创新，制造业企业不再提供单个制造产品，而是在市场上提供一系列产品和服务的集合，以降低产品的整体操作复杂性，提高客户使用的便利程度。例如，以 IT 解决方案形式在市场上出现的服务创新成果，对计算机硬件、软件和相关服务进行有机整合，形成一整套方案深入客户内部解决实际问题。此外，海尔公司提供的厨房解决方案，从提供厨具、抽油烟机、电冰箱、微波炉等必需的厨房器具到橱柜等厨房装修一整套服务，免去了客户购买单件产品的麻烦，极大地节约了客户的时间和金钱。

最后，服务创新现在已经成为制造业产业升级代换、转变经济增长模式、开展服务转型的主要驱动力。服务创新不仅通过引入新的服务产品和商业模式创造大量社会财富，也用更为经济的方式生产现有产品以创造新增价值。新的服务模式为制造业企业带来高于市场平均收益的创新租，并创造了远高于以前的经济和社会财富。部分企业甚至通过服务创新开辟了全新的产业。部分服务创新活动带来的高额创新利润，导致市场上出现大量模仿者，从而极大地推动了服务创新成果的广泛应用，逐渐催生出新的产业，同时带来大量就业岗位。在瑞典、丹麦、英国、芬兰、荷兰等欧洲国家，服务创新尤其是知识密集型服务创新已经成为国民经济发展的重要支柱，提供的就业机会占就业总数的 40%以上。

5.3 制造业企业服务转型战略选择

演化经济学指出，路径依赖意味着经济结果受到先前路径的影响，而不仅依赖于当前的外部条件。在路径依赖过程中，"历史因素"十分重要，并对以后的经济结果产生持续影响（Arthur，1989；Coombs et al.，1998；Redding，2002；Page，2005）。路径依赖使得已经被市场接受的技术被更多的客户采纳并使用，使这些技术获得更多的实践经验，得到更好的技术升级改进，依靠规模经济获得成本的快速下降，从而被更多的客户接受。这是一个技术正反馈过程，先期得到广泛应用的技术通过自增强机制的循环作用，在市场竞争中战胜其竞争技术，虽然竞争技术可能比该技术更为先进有效。路径依赖的主要原因，包括投资的不可逆性、技术相关性，以及技术应用带来收益的动态增加等（David，1985，1986）。投资的不可逆性意味着技术路径转换将带来转换成本，而技术相关性及其带来动态收益的增加意味着突破性技术创新将带来较高成本，因为新的技术路径需要协调不同代理之间的行为，从而引发高昂的交易成本。3 种因素相互作用，将技术锁定在某一特定轨道。

路径选择意味着先发优势对企业占领市场、获取竞争优势十分重要。在制造环节竞争日益激烈的今天，制造业企业若想创造更多新增价值，向价值链上利润更高的上游设计环节和下游市场销售环节移动，必须比竞争对手更快进行服务转型，从而抢占市场先机，引导客户形成对企业服务产品的路径依赖，使企业产品成为市场上的主导设计，以创造更多的新增价值，同时获得高额市场回报。因此，制造业企业纷纷开始探索服务转型路径，旨在确立行业领先地位，获得先发产品优势。制造业企业服务转型的战略选择，受到企业原有技术和资源优势的影响，先前积累的技术、人才、网络等资源影响并决定着制造业企业服务转型的路径选择。从某种意义上说，这也是路径依赖的一种表现。

波特（1985）认为，决定企业利润的核心因素是产业吸引力（industry attractiveness），企业的竞争战略必须突破产业吸引力原有竞争规则，根据企业自身条件选择适宜的竞争战略。因此，在制造业企业的服务转型路径选择中，企业应根据自身优势资源，结合产业吸引力影响因素，选择符合自身发展的转型路径。根据竞争优势，影响产业吸引力的 5 种力量包括潜在新进入者的威胁、替代产品和服务的威胁、购买者讨价还价的能力、供应商讨价还价的能力，以及行业内部竞争者之间的竞争，如图 5-3 所示。

企业产品战略包括成本领先战略、差异化战略和集中战略。成本领先战略，主要通过有效途径降低成本，使企业的全部成本低于竞争对手的成本，从而获取竞争优势的一种战略，与企业服务转型没有直接关系。差异化战略和集中战略是制造业企业服务转型过程中两种主要战略。差异化战略指企业增强企业产品和服务特性，使企业产品和服务与其他企业有显著区别，从而获取竞争优势。集中战略指企业经营活动集中于某一特定细分产品线或某个细分市场，在该细分市场获得特定竞争优势。

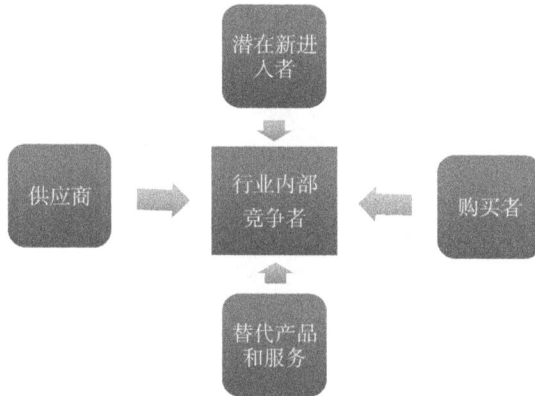

图 5-3　波特五力模型

（资料来源：PORTER M. Competitive advantage：creating and sustaining superior performance [M]. New York：Free Press，1985.）

　　基于波特五力模型，制造业企业服务转型战略具体行为如表 5-1 所示。实施差异化战略的制造业企业，可以通过服务创新活动培育企业品牌和客户忠诚度，增加潜在新进入者的进入难度，抵御替代产品和服务的威胁；通过在市场提供多样化产品和附加服务，提高产品的性价比和购买者收益，降低价格敏感度，一定程度上限制购买者的讨价还价能力，并将供应商的涨价部分转嫁给购买者；为应对行业内部竞争，制造业企业需通过服务创新，提供多样化高质量产品与服务，树立品牌观念，培育客户忠诚度。在集中战略下，制造业企业通过服务创新和服转型，关注细分市场，提供高度专业化的产品和服务，对新进入者和相关替代产品制造进入障碍，削弱购买者的讨价还价能力，将供应商的讨价还价能力转嫁给购买者，并避免了行业内部同质产品间的激烈竞争。

表 5-1　制造业企业服务转型战略措施

行业内 5 种力量	产品差异化战略	集中战略
进入障碍	培育品牌和客户忠诚度	细分市场上高度专业化
购买者讨价还价能力	提供多样化产品和附加服务	提供特定产品和服务
供应商讨价还价能力	提供多样化产品和附加服务	提供特定产品和服务
替代产品和服务	培育品牌和客户忠诚度	提供特定产品和服务
行业内部竞争者	培育品牌和客户忠诚度 提供多样化产品和服务	关注细分市场

5.4 制造业企业服务转型进程

基于服务创新的制造业企业服务转型进程，本质上是价值创造和价值流动过程。在制造活动占据制造业生产经营活动主导地位时期，制造业企业引入的服务活动，仅作为制造产品的有益补充而存在，以增加制造产品在市场上的差异化特征，创造少量客户价值。这一时期，制造产品的市场竞争主要还是同质产品的价格竞争，在制造业企业中开展的服务创新和服务活动并未得到太多重视，服务创新和服务活动也主要通过自然渗透和溢出效应在制造业企业发展。随着技术进步和竞争的全球化发展，资源在全球得到优化配置，削弱了低价策略在竞争中的作用，差异化战略逐渐成为市场上制造产品竞争的主要手段。提供多样化产品已经成为获得市场份额和获得高于市场平均收益的额外利润的主要手段（Rumelt，1984；Porter，1996）。制造产品的差异化特性，往往通过制造业企业的服务创新和服务活动而获得，服务创新和服务活动在制造业企业的重要程度日益增加，导致制造业企业资源和组织结构的重新组合和优化配置，制造业企业内部逐渐设立服务部门，以更好地开展服务创新和服务活动。

制造业企业的服务转型是价值创造和价值流动的演化过程。制造业企业开展服务转型，以促使价值流向企业内部以赚取高额利润，同时推动企业的长远发展。Adrian（1996）引入价值迁移理论（value migration），即在充分理解市场上客户不同偏好的基础上，通过引入新的服务创新从而获得的价值创造能力。这里沿用 Adrian 的价值迁移理论描述制造业企业在不同阶段如何进行战略选择，从而促进服务转型在企业内部的开展，如图 5-4 所示。制造业企业服务转型进程可以分为 3 个阶段：价值流出阶段、价值流入阶段和价值稳定阶段。企业在服务转型进程中所处的不同阶段，极大程度上由企业当前的服务创新能否满足市场上变化的客户需求所决定。

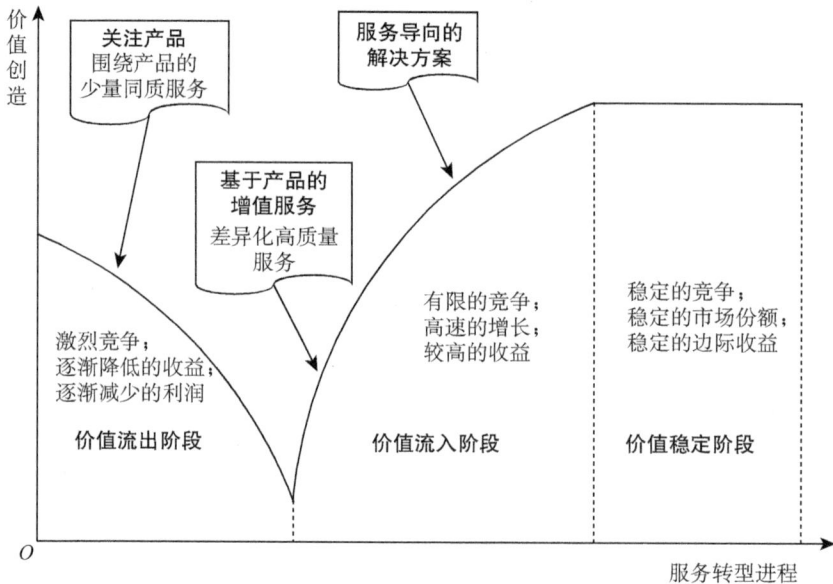

图 5-4 制造业企业服务转型进程

（资料来源：SLYWOTZKY A. Value migration：how to think several moves ahead of the competition [M].
Massachusetts：Harvard Business School Press，1996.）

（1）价值流出阶段

在价值流出段，制造业企业产品市场日趋成熟，市场竞争较为激烈，产品
利润不断下降，部分产品市场甚至出现衰退和萎缩。由于大部分制造产品为同
质产品，不同厂商间的竞争逐渐呈现白热化状态，市场风险和产品收益都相对
较低。市场上充斥大量未能满足差异化客户需求的同质商品，产品供给趋于饱
和状态，产品市场逐渐演变成为买方市场，制造业企业仅能获得市场平均利润
以勉强维持正常的生产经营活动。此外，随着新厂商的进入，产品供给进一步
扩大，导致厂商平均市场份额的下降和产品边际收益的减少，本来已经微薄的
市场平均收益持续下滑。再加上市场上客户对品种单一的同质产品兴趣的缺乏，
导致未得到满足的消费者转向其他替代品市场，进一步加剧了该产品市场的竞
争，并导致利润的进一步下降。价值开始慢慢从制造业企业流向那些产品能够
满足市场上消费者不同需求的企业中。

为应对当前市场形势，制造业企业通常采用 3 种不同的应对策略。第一种
策略是企业消极满足于当前形势，不主动采用有效战略应对日益萎缩的市场份

额和不断下降的市场收益。第二种策略是企业关注现有产品市场新的发展机遇，主动采取相关措施力图扩大产品销量，从而赚取较高利润。第三种策略是部分制造业企业在深入分析当前市场前景和消费者偏好后，开展相应的服务创新活动，为制造产品添加了新的服务元素，并引入新的商业模式，以期获得高于市场平均收益的创新利润。这些采用第三种策略的企业，开始了自身的服务化进程，并慢慢进入价值流入阶段。

（2）价值流入阶段

制造业企业服务转型的第二阶段为价值流入阶段。这一阶段充满了机遇和挑战、不确定性、风险，以及高额市场收益。处于这一阶段的制造业企业大量引入服务创新活动，或作为制造产品的有益补充，或与制造产品进行有机结合以解决方案等形式在市场上出现。通过在市场上提供种类繁多、功能齐全、能够满足消费者不同需求的产品，制造业企业在市场上吸引了越来越多的消费者，从而逐渐促使价值向企业流入。

由于新的服务化活动在制造业企业的成功引入，市场上相关产品高度差异化，竞争激烈程度相对较低。创新租和超额利润源源不断流入企业，市场份额不断扩大。尽管在这一时期，企业开展的服务创新活动面临极大的市场风险和不确定性，但服务创新成果的高额回报及其带来的巨大发展潜力，激励着制造业企业不断进行服务创新活动，从而导致价值向企业流入，并推动制造业企业服务化进程的进一步深化。

（3）价值稳定阶段

随着服务创新在制造业企业的引入，企业的服务化进程进入了相对稳定的发展阶段。制造业企业在市场上提供的产品极大地满足了当前的客户需求，市场竞争和企业的市场份额相对稳定，市场平均回报和产品边际收益也呈稳定状态。这一稳定阶段的维持时间，主要取决于市场上客户偏好的变化。随着时间的流逝，市场上客户的偏好发生转移，如果制造业企业不采取进一步行动，其产品市场必将慢慢演化为价值流出阶段。这时，制造业企业将面临新的选择，下一轮的服务化进程将重新展开。

5.5　制造业企业服务转型典型路径

基于服务创新的制造业企业服务转型，主要有 3 种典型路径：①将公司内部服务外部化，利用公司服务能力和服务优势向市场提供高附加值服务；②在产业链上扩展经营范围，用服务代替产品，向前一体化进入渠道和分销领域，向后一体化进入研发和设计领域；③融合产品和服务，形成新的解决方案，从单纯销售制造产品到销售整套特定服务。制造业企业服务化进程的路径选择受到企业自身情况、所处市场环境，以及经济社会宏观环境的影响。这些因素互相交织，推动着部分制造业企业的服务转型。

5.5.1 路径一：提供高附加值服务

在第一种服务化路径中，制造业企业引入服务创新活动作为制造产品的有益补充，以增加产品的价值，为企业创造更多利润。这一路径下的服务化进程有两大特征。首先，制造产品仍然占据企业生产成本的绝大部分，即制造活动仍然是企业的主要活动。其次，制造业企业开展的服务创新活动，为制造产品带来大量新增价值，也一定程度上扩大了制造产品的销量，提高了企业的市场占有率。从这一意义上来说，制造业企业引入的服务创新活动，以及制造业企业开展的服务化进程，主要是为了提供高额附加值，以增加市场上制造产品的总价值。

（1）苹果公司——iTunes

1977 年成立的苹果公司是一个总部设立在美国的跨国企业，主要开展设计和制造活动，核心产品为电子科技产品。苹果公司最初叫"苹果电脑公司"，2007 年年初正式更名为苹果公司，以显示从电脑制造商到研制所有领域消费电子产品的转变。2001 年，苹果公司引入"iPod+iTunes"模式，标志着公司已经开始服务转型，不再是纯粹的制造业设计生产商，而是逐渐引入高附加值的增值服务，以创造更多社会财富。

在 2001 年以前，苹果公司还是一个计算机公司，主要从事个人计算机的设计、生产、制造、销售活动。随着信息通信技术在社会全方位的渗透，以及发展中国家依靠廉价劳动力逐渐成为计算机主要制造商，国际计算机市场的竞争从主要依靠技术优势逐渐转变为依靠价格优势。发展中国家计算机制造商逐渐成为国际市场上计算机设备的主要供应商，国际计算机市场利润空间日益压缩，发达国家计算机制造商丧失了大部分生产制造相关的竞争优势。在这一宏观背景下，苹果公司主动创新变革，逐渐在市场上提供 MP3 播放器、手机等其他电子产品，并提供大量能够带来高附加值的增值服务。苹果公司在市场引入相关软件、服务、外围设备、网络解决方案等多样化产品，极大地提高了制造产品的增加值。"iPod+iTunes"模式就是在这一背景下应运而生的，其为苹果公司带来高额利润的同时，创造了大量的社会财富。

2001 年 8 月，苹果公司引入第一台 iPod 移动数码音乐播放器，该播放器仅有 6.51 盎司（1 盎司 =28.35 克），却能够存储多达 1000 首高品质音乐。在苹果公司独立研发的 iTune 软件的支持下，首台 iPod 拥有音乐搜索、浏览、播放列表、音乐自动同步、音频和 CD 唱片刻录、图像均衡器、两首歌曲间交叉淡入淡出等一系列功能。iPod 和 iTunes 反映了苹果公司打造数码枢纽的关键战略，也是该公司服务化转型——从纯粹计算机制造商向电子科技产品及其相关服务供应商转变的重要体现。

iTunes 软件的发展和普及极大地促进了 iPod 移动数码音乐播放器在全球的销售和扩散。同时，苹果公司提供了一个网上商店 iTunes Store，用户能够利用 iTunes 软件下载音乐、电影、连续剧等，存储在 iPod 中以便随时随地欣赏。iTunes 简单易行的操作方式吸引了越来越多的消费者参与到这场数码音乐革命浪潮中，不再以购买 CD 和 DVD 的传统方式进行娱乐消费，取而代之的是"iPod+iTunes"的在线购买、下载、随时随地欣赏的新模式。在苹果公司的 iTunes Store，用户不仅能够下载当前最为流行的音乐、电影、电视剧和游戏，也能够享受到苹果公司提供的排行榜、导航、新闻、部分应用软件如财务管理软件等服务。此外，iTunes Store 对同一首音乐提供不同的品质，用不同的定价（0.69 美元、0.99 美元、1.29 美元）予以区分，以满足用户的不同需要。2007 年 7 月至 2009 年 6 月底的近两年时间里，用户通过欧洲的 iTunes Store，购买并下载了超过 2 亿首音乐。截至 2007 年 4 月，iTunes 宣布在世界上一共销售了超过 20 亿首歌曲，如图 5-5 所示。

随着"iPod+iTunes"模式的扩散，苹果公司引入越来越多的相关服务，极大地推动了企业销售额和利润的增长。据苹果公司的统计，2008 年公司净销售额高达 325 亿美元，比 2006 年（193 亿美元）增长了 68.4%。苹果公司2008 年年报显示，iPod 及其音乐产品和相关服务的净销售额高达 125 亿美元，占苹果公司 2008 年净销售额总量的 38%，如图 5-6 所示。

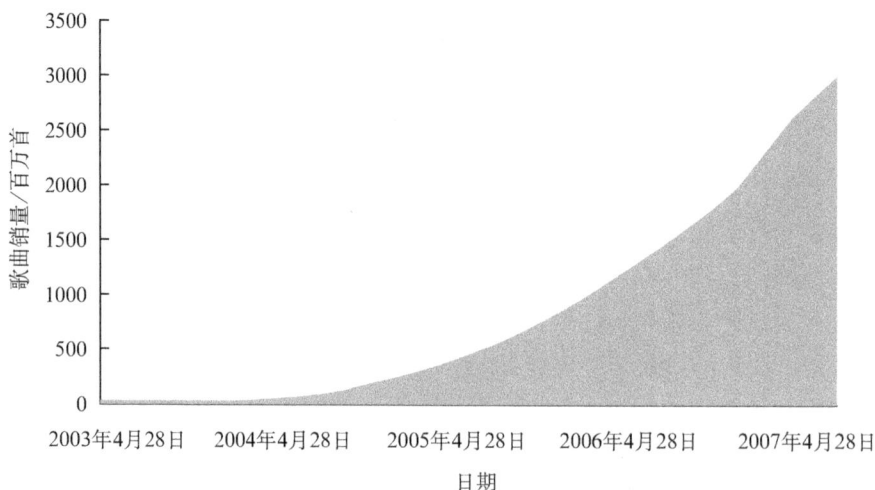

图 5-5　iTunes Store 歌曲销量

（资料来源：苹果公司网站，http：//news.worldofapple.com/archives/2007/08/01/itunes-store-passes-3-billion-mark/）

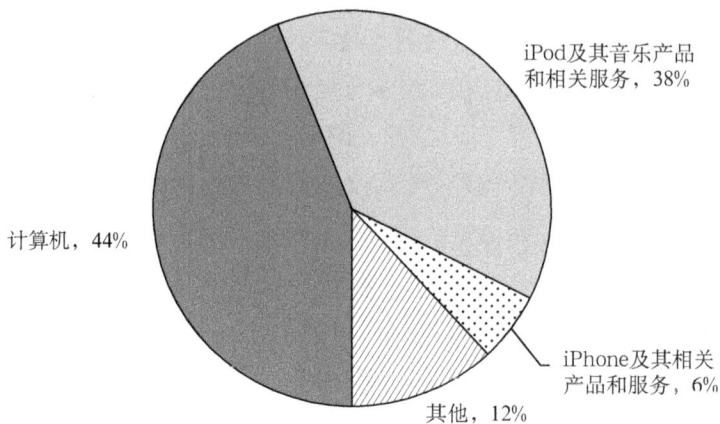

图 5-6　2008 年苹果公司净销售额占比

（资料来源：Apple Inc. Form 10-K 2008[J]. Aoole Inc.，2008）

（2）Foghorn——在线 T 恤设计

在低端服装制造业，成本主要来自布匹、针线、相关配饰等原材料，以及制造工人的工资。这意味着诸如中国、越南、印度尼西亚、印度等拥有大量廉价劳动力和原材料的发展中国家，在服装制造业有着绝对的成本优势。在低端服装市场上，客户对产品质量、款式等方面需求不太敏感，而对价格极为关注，因此企业最为有效的竞争战略就是价格竞争。随着贸易全球化不断深入，中国、印度尼西亚等发展中国家凭借价格优势，已经成为国际低端服务市场的主要制造商。在这种情况下，一家澳大利亚 T 恤制造企业通过引入服务创新，创建了 T 恤设计生产销售的新商业模式，在激烈的国际竞争中获得高额收益。

这家名叫 Foghorn 的 T 恤制造商，利用信息通信技术引入新的商业模式，向客户提供在线 T 恤自助设计服务。Foghorn 摒弃了传统的低端服装制造业务，即从设计师的设计开始，到随后一连串的生产、运输、推广、销售等活动，取而代之的是新在线销售模式。Foghorn 通过提供一个在线商店——"虚拟工作室"，允许客户自行选择 T 恤的款式、颜色、大小，并可以在素材丰富的资料库中选择 T 恤正面和背面印制的图案和标识，还可以随心所欲地添加文本，如图 5-7 所示。Foghorn 提供的在线 T 恤设计服务不仅面向成年人，也面向婴儿和肥胖人群。客户在网上就能够完成所有的设计工作和在线支付活动，然后就等待 Foghorn 将做好的 T 恤递送到手中。

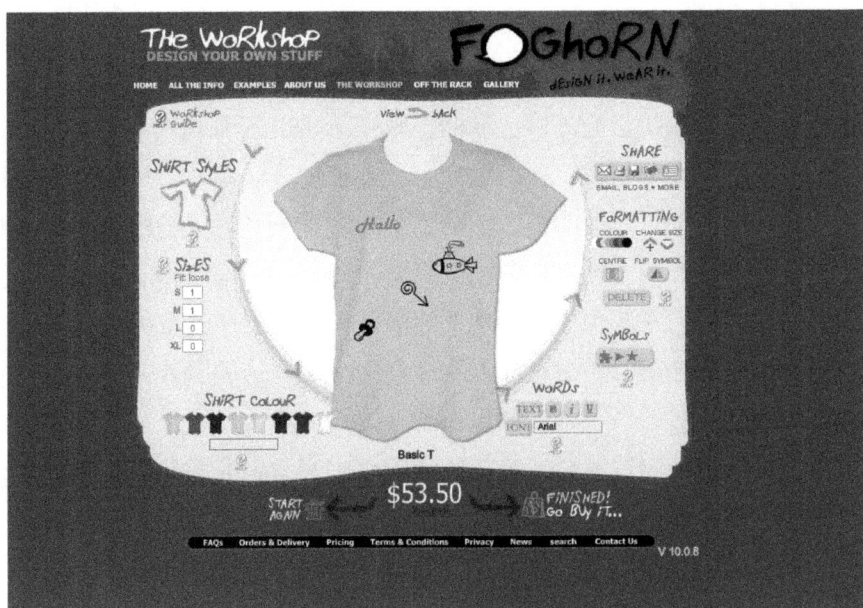

图 5-7　Foghorn 的在线"虚拟工作室"

（资料来源：Foghorn，www.foghorn.com.au）

在人人都追求时尚和特性的当今社会，这一创新的服务模式极大满足了市场上客户的需求，尤其是那些追逐个性的年轻人的需求。Foghorn 提供的自助设计服务模式，为客户提供了标榜自我个性的途径。这一"设计＋穿着"的模式，不仅极大促进了 Foghorn 公司 T 恤的销量，也使其成为其他服装制造商纷纷效仿的成功商业模式，促进价值源源不断从相关行业向该行业领域流入。Foghorn 公司的 T 恤价格根据客户选择的不同而不同。作为设计底板的 T 恤，由于质量和款式的不同，价格从 40 美元到 65 美元不等。Foghorn 对客户自行设计添加的每个标志、图像和文本都进行定价。每添加一个文本，售价增加 3 美元，每添加一个标志，售价增加 4.5 美元。例如，图 5-7 的初始 T 恤加上 3 个标志和一个文本，售价为 53.5 美元，相对于其他同类 T 恤来说定价较高（同类 T 恤售价大概在 25 美元）。然而，由于其新颖的客户设计风格，仍然吸引了大批客户在网上设计和购买。通过网络"虚拟实验室"这一创新性商业模式，Foghorn 公司提供了高附加值的客户自助服务，从而极大地推动了企业产品——T 恤的销量，并赢得远高于市场平均利润的高额收益。

5.5.2　路径二：用服务代替产品

在第二种制造业企业服务化路径中，服务活动不仅作为企业制造活动的有益补充，而是逐渐取代企业的制造活动，服务产品也逐渐成为制造业企业的核心产品。然而，这并不是说企业已经完全放弃了制造活动，而是企业将产品重点放在服务的供应上，企业的制造活动主要是为了更好地促进服务产品在市场的商业化。日益激烈的全球竞争和社会经济全球化趋势不断深入，这使得部分制造业企业开始转向主要提供高附加值的服务，而将生产制造等定附加值活动进行外包。制造业企业开始大量引入服务创新活动，这些服务创新活动围绕着企业先前的制造优势开展，从而确保市场上服务活动的顺利供给。在这一路径下开展服务化进程的制造业企业，其制造活动主要为企业服务产品的实现提供必要设备和保障而存在。

（1）戴姆勒公司——"Car2go"业务

在当前金融危机影响下，豪华商品销售放缓，甚至停滞不前。汽车作为大宗消费品，产品销量受到严重冲击。汽车市场的大幅下滑，导致部分汽车行业巨头处于破产的边缘。各国政府纷纷推出援助计划，扶持汽车行业度过这次金融危机。在这一宏观背景影响下，戴姆勒公司推出一项新的服务创新活动，试图将企业产品向服务转变，希望扭转当前企业汽车市场停滞不前的局面，为公司带来更多新价值。

戴姆勒公司早在 2007 年就成立了商业创新团队，旨在发展新的商业模式并将其成功商业化。作为其中的核心项目，"Car2go"提出了全新的城市移动概念。2008 年 10 月，该项目的先期实验在德国南部城市乌尔姆（Ulm）开展，提供两座汽车 Smart 的出租服务。"Car2go"面向市场提供随时随地的汽车租赁服务，用户可以通过互联网和手机轻松享受此项服务。与普遍意义上的租车服务不同，戴姆勒公司的"Car2go"是一个全新的面向未来的移动概念，不仅在当前金融危机形势下创造了企业的新增长点，也为交通拥堵及其带来的环境污染问题提供了有效的解决方案。

"Car2go"的概念简单明确：在乌尔姆，无论何时何地，只要你想使用汽车，就完全能够方便地从 200 辆 Smart 汽车中轻松选择，并几乎可以自由选择汽车的归还地点，而你所支付的费用则是一定的。这就像使用移动电话一样简单。你可以走在路上的时候，随时租用一辆 Smart 汽车；或者通过互联网和电话进行提前预订。"Car2go"的注册也很简单，用户只需提供驾驶证明，戴姆勒公司会同时附上一张含有微晶片的卡，用于解锁 Smart 汽车。此外，在"Car2go"的网站上，客户可以轻松获得当前能够租用的 Smart 汽车的有用信息，如目前有多少辆空闲汽车可供使用，以及这些汽车停放的具体位置等。当整个租赁服务结束，客户仅需把 Smart 汽车停放在控制区内任意一个空闲的公共停车场，而不必归还到原先租用的地方。

客户可以随意设置 Smart 汽车的租用时期，租赁费用也较为合理。Smart 汽车出租服务的价格低廉，按分钟计时收费，每分钟仅 0.19 欧元，包括汽油、服务、各项税款、保险、维护等所有费用。并且如果客户租用时间较长，戴姆勒公司还提供一定的优惠，如每小时的收费上限为 9.90 欧元，每天收费的上限为 49.90 欧元。如果客户在租用途中暂时停止使用汽车，可以使用远程控制系统将汽车暂时锁定，以便后来的继续使用。

与传统汽车租赁服务相比，"Car2go"有 3 个显著优势。首先，灵活的租用期限给客户提供了极大的方便。传统汽车租赁服务需要客户告知固定的租用期限，而"Car2go"运行客户想租用多久就租用多久。其次，由于"Car2go"

没有固定的租赁期限，也就没有传统汽车租赁服务收取的所谓附加费用和迟于约定时间归还的罚金。最后，租用结束时，"Car2go"的客户不必将汽车送回原先租车时的地点，只需将汽车停放在任意一个空闲的公共停车场，这极大地方便了客户对汽车的使用。而在传统汽车租赁服务中，客户必须将汽车归还到先前租用的停车场。

然而，"Car2go"也面临着一定的挑战。Smart汽车内部环境的维持，主要依赖客户的自觉自律。虽然戴姆勒公司也制定了相应的规则，如不能在车内吸烟、不能边喝酒边驾驶、不能将宠物带入汽车等，以确保干净清洁的车内环境，但由于监管难度，这些规则的执行主要依靠客户的自觉性。因此，为提供高品质可信赖的租车服务，戴姆勒公司建立了一支高效的清洁队伍，及时对汽车进行清洁整理，从而为每一位客户提供干净、整洁、安全的租车服务。此外，戴姆勒公司同时给这些租用的汽车提供便利的加油服务，这些加油服务可以由戴姆勒的专业服务团队完成，或通过给客户一张预先付费的加油卡让客户自助完成。

总的来说，"Car2go"是当前金融危机形势下，汽车制造商寻求服务化转型以促进企业发展的一个有益尝试。在当前国际多数汽车行业巨头宣布亏损或面临破产的艰难时期，戴姆勒的"Car2go"无疑是一次充满希望的服务化尝试。通过充分发挥公司在汽车制造方面的优势，"Car2go"建立了一个新的商业模式以满足当前随市场变化的客户需求。

（2）惠普公司——在线打印服务

作为国际排名第一的在线照片服务供应商，Snapfish公司拥有高质量的照片打印技术，以及遍布60多个国家和地区超过6000万的庞大客户群体。2005年，惠普公司兼并了Snapfish公司，以更好地为客户提供照片分享、存储和打印服务，同时扩展惠普公司在数码摄影领域的市场份额。

这次并购活动可以看作是惠普的打印机业务从制造活动向服务活动转变的标志。在较长时期，惠普公司的打印机依靠品牌优势和价格策略（对打印机进行较低定价，而对外围产品如硒鼓、墨盒等消费品定价相对较高），赚取了大量市场利润。然而，随着原材料价格的上涨和金融危机影响范围的扩大，企业纷纷缩减生产成本，在一定程度上导致打印机市场销量的下降。惠普公司引入了不同的市场策略，如向市场投放更为先进的打印机和数码相机专用打印机等，以确保客户在家即能享受到高品质的打印服务。然而，这些策略并未起到太多作用。

为了遏制打印机市场份额日益下滑的趋势，惠普公司引入服务创新活动，改变了企业打印机业务模式，从通过降低产品价格扩大销售规模的策略，转变为建立强大的打印服务网络，以满足市场上客户的打印需求。惠普公司将企业强大的网络、存储、打印能力进行有效整合，面向市场上众多客户提供在线打印业务。整个业务流程如下：市场上有打印需求的客户将需要打印的电子照片上传到惠普公司提供打印服务的在线网络（即应用层），应用层将相关图像信息通过网络连接存储一级节点，将屏幕信息和缩略图输送到惠普的网络附属存储，网络附属存储将优化后的高质量图像通过网络连接存储二级节点输送到在线网络，为用户提供页面预览，并完成高质量的图像打印服务。

目前，惠普公司不仅提供照片打印服务，还提供照片打印的相关产品，如印制客户照片的水杯、相册、T恤、日历、海报、笔记本、鼠标垫等产品。新的打印商业模式，为惠普公司提供了巨大的市场机会，包括一个210亿美元的打印市场、60亿美元的包装市场，以及120亿美元的目录销售打印市场。通过这一商业模式，惠普的打印业务逐渐从打印机销售向拥有高附加值的打印服务提供转变，并促使新价值和利润向企业流入。

5.5.3　路径三：从产品到整体解决方案

在第三种制造业企业服务化路径中，企业将制造产品和服务进行有机整合，向市场上提供一体化解决方案，解决客户面临的实际问题。整体解决方案是企业产品的核心，其中涉及的制造产品和相关服务都是为了确保该解决方案的顺利运行。

（1）长沙远大——空气调节方案

2004年，中国空调市场竞争呈现白热化状态。由于空调关键技术被大多数厂商掌握，产品竞争主要表现为同质产品的价格竞争。不同的空调制造商主要通过提供具有类似功能的空调产品，拼命压低产品价格，缩减企业利润空间，以便吸引更多的客户。恶性竞争导致空调市场利润不断压低，部分企业入不敷出，整个行业发展停滞不前。为了扭转艰难局面，长沙远大发起了一项新的服务创新活动，不再销售空调设备等制造产品，而是向客户直接提供空气调节解决方案。

长沙远大的服务转型，源于企业对目标客户实际需求的理解和深入分析。通过对先前客户的大量回访，长沙远大意识到，客户真正关注的是适宜的温度和湿度，而不是空调等相关设备。通过对客户实际需求的深入理解，长沙远大改变了企业的商业模式，开始直接向客户提供"冷热服务"解决方案。通过对3000多例样本的能耗、温度、湿度等基础数据的测定，长沙远大收集了支持其"冷热服务"解决方案的必要运营数据。2005年，长沙远大提出的空气调节解决方案正式投放市场。

市场上客户直接向长沙远大购买"适宜的室内温度"等空气调节解决方案，以取代传统方式下购买制冷设备等制造产品及售后服务的模式。空气调节服务的价格，随着客户室内建筑面积、建筑复杂程度等变化。客户不必一次性购买大量空调设备，不需要花费大量时间进行安装调试。长沙远大作为服务供应商，为客户提供最优化的空调相关设备组合，以确保客户以最低成本享受到高质量的室内空气环境。这一模式极大地节约了客户的时间，并减少了不必要的设备开支。

基于在空气调节方面的技术经验，长沙远大选用最优化的设备组合为客户提供适宜的室内空气环境。此外，长沙远大还拥有一个三维监控系统和一支快速反应的服务团队。如果客户的空气调节服务运营出现问题，三维监控系统能够即时将问题告知长沙远大，并及时识别出现问题的具体位置。快速反应的服务团队能够在第一时间到达现场并提出相应的解决方案或替代方案。

长沙远大"适宜的室内温度"解决方案，为客户提供高质量的室内空气环境，不仅使客户避免了烦琐的空调设备选择、安装和调试程序，极大节约了客户的时间，也使客户减少了不必要的空调设备开支。这一商业模式使得长沙远大远离空调设备市场的恶性竞争，有机整合了空调相关设备和高效服务的空气调节解决方案投放市场，受到客户的普遍欢迎，并创造了远高于空调设备制造商的市场价值和利润。

（2）好易通科技有限公司

成立于1993年的深圳市好易通科技有限公司（简称"HYT"），是全球领先的专业无线通信设备和解决方案供应商，企业专注专业无线通信领域的研究开发，拥有居于行业领先地位的技术实力、营销能力及规模优势，致力于为客户提供专业无线通信解决方案。HYT 拥有 100 多项自主创新技术，建立了中国最大的专业无线对讲机和警用集群产品研发生产基地，成立国际标准化的高频实验室、对讲机通用标准实验室和环境工程实验室，在深圳和哈尔滨均建立研发中心。HYT 拥有 700 多名高素质研发人才，35% 的工程师拥有硕士以上学历。

作为无线通信设备供应商，HYT 产品领域涉及专业对讲机、商用对讲机、中继站／基站、常规调度产品，以及常规同播系统。随着无线通信制造领域竞争的加剧，无线通信设备利润日趋下降。HYT 充分分析无线通信设备客户实际需求，在企业开展服务创新活动，提出针对不同领域客户包括无线通信设备和相关服务等的无线通信解决方案，在解决客户实际问题的同时，为企业创造大量超额利润。HYT 首先对企业客户进行分析，将公司主要客户归类为公安、监狱、铁路、林业、地铁、港口等行业领域，针对每个行业领域的具体特征，结合企业技术和产品优势及强大的营销网络，提出有针对性的无线通信解决方案。目前，HYT 在公安、监狱、铁路、林业、地铁、港口等无线通信主要应用领域，都有成功的解决方案案例。

例如，在公安领域，HYT 结合行业特征，充分分析公安行业对无线通信的具体要求。公安部门肩负打击犯罪、维护社会治安、保障人民财产和生命安全等重要职责，需要快速、安全、可靠、准确的无线通信服务。此外，随着公安部门业务量的增加，目前公安系统中提供通信保障的集群系统往往处于超负荷运行状态，为公安部门案件的侦破带来极大隐患。经过对公安部门实际需求的分析，HYT 提出以同播系统为核心的公安行业无线通信解决方案，研发同频同播系统并提供相关服务。其能够为客户提供大范围无缝覆盖通信服务，同时由于引入常规终端信令，能够实现对移动终端的管理及所有通话的数字录音和查询。铁路行业需要在铁路电务段、工务段、供电段间建立运行稳定、通信质量良好、价格低廉的无线通信网络，实现对电务、工务、供电段的统一调度指挥，机动合理分配工区任务，快速执行施工任务，并在突发事故发生时高效进行车间调度。HYT 在充分分析铁路行业实际需求的基础上，提出基于 TS-2800 软交换常规联网系统的铁路行业解决方案，能够采用现有铁路网进行组网，极大地降低铁路无线通信费用，同时引入集群系统的调度和管理功能，极大地满足用户不断增强的调度指挥需要。

5.6 小结

本章围绕研究制造业企业服务转型开展。首先，介绍竞争优势理论和路径依赖，作为分析制造业企业服务转型的理论基础；其次，系统分析当前制造业企业服务转型机制，包括制造业企业服务转型背景、转型主要驱动力和转型进程；最后，结合制造业企业开展服务创新活动的具体情况，提出3种典型的服务转型路径。

制造业企业的生产经营活动，受到潜在新进入者的威胁、替代产品和服务的威胁、购买者讨价还价的能力，供应商讨价还价的能力，以及现有竞争者之间的竞争等5种力量的影响。这5种力量与两种典型企业战略——差异化战略和集中战略相结合，为制造业企业的服务转型提供了具体战略措施指导。此外，制造业企业服务转型，还受到企业原有资源优势的影响，从路径依赖来看，具体包括投资的不可逆性、技术相关性，以及技术应用带来收益的动态增加等。多种因素交互影响，决定着制造业企业服务转型的机制与路径选择。

制造业企业服务转型，经历了从少量同质服务，到大量多样化服务，再到整合制造产品、服务、相关技术支持、自助服务、知识等的"产品包（bundles）"的过程。制造环节日益激烈的竞争、技术进步，以及多样化的客户需求，推动制造业企业不断开展服务创新和服务活动，走上服务转型之路。制造业企业的服务转型，实质上是价值创造和价值流动的过程，通过不断引入服务创新，制造业企业经历了从价值流出，到价值流入，再到价值稳定的发展阶段。

根据企业自身情况、所处产业环境和市场环境，并受到经济社会宏观环境的影响，制造业企业选择了3种不同的服务转型路径，包括：①提供高附加值服务；②用服务代替产品；③从产品到整体解决方案。通过服务转型，制造业企业创造了大量的新增价值，并获得高于市场平均利润的创新利润，吸引并带动着更多的制造业企业开展服务转型活动。

第六章
制造业企业服务创新过程影响因素实证分析

论文实证研究基于欧洲创新调查（European Manufacturing Survey, EMS[①]）数据，旨在对第四章提出的制造业企业服务创新影响因素进行验证。由于知识天使概念刚刚提出，缺乏实证相关研究数据，因此本章仅对市场因素、知识因素及战略与管理因素对制造业企业服务创新过程的影响进行实证研究。欧洲出现的调查是德国制造业企业的大规模多层次跨行业的问卷调查，旨在对企业创新活动进行系统监控。本次欧洲创新调查回收问卷 1663 份，回函率为 12.4%，其中，有效问卷 662 份，占回收问卷总量的 39.81%。

6.1 欧洲创新调查问卷结果概述

6.1.1 企业基本情况

中小企业在德国经济发展中起着至关重要的作用[②]，为德国提供了近 70% 的工作机会和 80% 的培训岗位[③]。欧洲创新调查中涉及的企业大部分为中小企业，以更好地反映德国企业的创新进展。662 份有效问卷中，535 份来自中小企业，占问卷总数的 80% 以上，如图 6-1 所示。近 50% 的企业年销售收入低于 1000 万欧元，4/5 的企业年销售收入低于 5000 万欧元，仅有 5 家企业年销售收入超过 10 亿欧元。

大部分企业员工数量少于 100 人。其中，17 家企业员工数量少于 20 人，占企业总数的 2.6%；一半以上企业员工数量在 20～99 人；119 家企业员工数

[①] 来源：http://www.isi.fraunhofer.de/i/projekte/Fems_e.htm。

[②] 按照德国官方规定，中小企业指那些年收入低于 5000 万欧元，并且员工总数少于 500 人的企业。其中，小企业年销售收入低于 100 万欧元，且员工数量少于 9 人；中型企业年销售收入在 100 万～5000 万欧元，且员工数量在 10～499 人。

[③] 来源：http://www.bmwi.de/English/Navigation/Economy/small-business-policy.html。

量在 100 ～ 199 人，占企业总数的 18%；16% 的企业员工数量在 200 ～ 499 人；
仅有 4 家企业员工数量超过 5000 人，占企业总数的 1%，如图 6-2 所示。

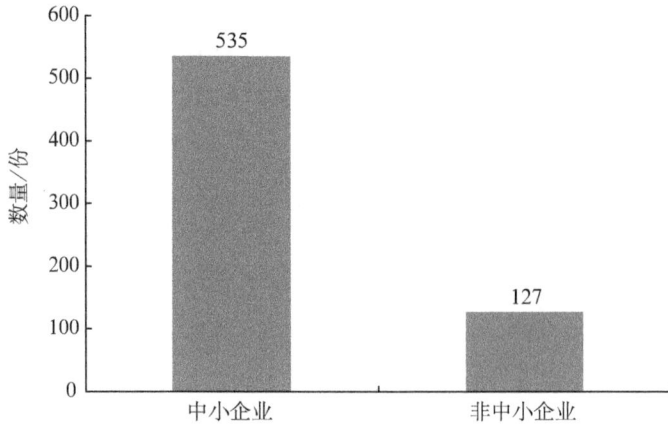

图 6-1　企业规模分布

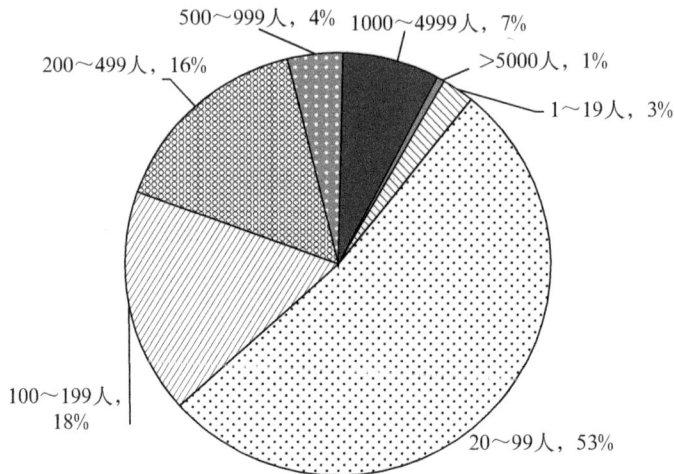

图 6-2　企业员工数量分布

　　662 家企业分布在所有 13 个制造业领域。其中，54.5% 的企业在高技术
产业领域，如"电子仪器制造业（不包括 NACE33）""医疗器械、精密仪器、
光学仪器制造业""化工及化工相关产品制造业""机械设备制造业"，以
及"交通运输设备制造业"等；其他企业则分布在中低技术产业。具体来说，

24%的企业分布在机械设备制造业，18%的企业分布在金属加工业；分布在电子仪器制造业（不包括 NACE33）、橡胶和塑料制品业，以及医疗器械、精密仪器、光学仪器制造业的企业比例分别为13%、10%和9%。木材及相关产品制造业与家具制造业和回收业企业数量最少，分别占企业总量的1%，如图 6-3 所示。

662家企业在产业链的分布较为均匀。其中，312家企业为元器件供应商，占企业总数的47.1%；375 家企业是终端产品供应商，占企业总数的56.6%。仅有 25 家企业既是元器件供应商，又增加终端产品，如图 6-4 所示。

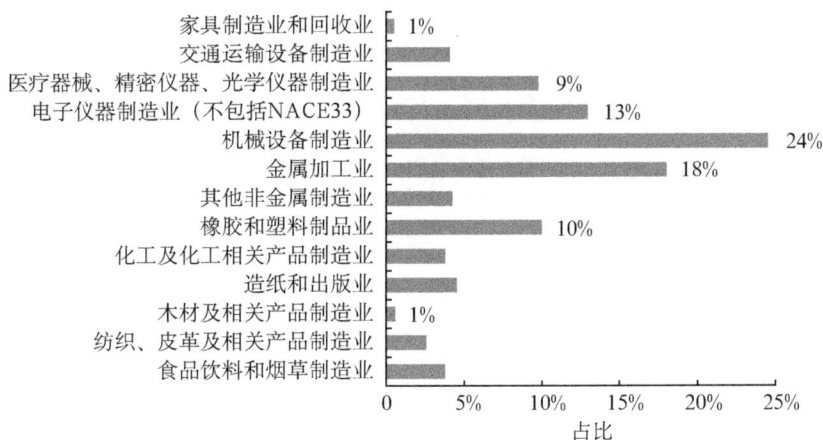

图 6-3 企业的产业领域分布

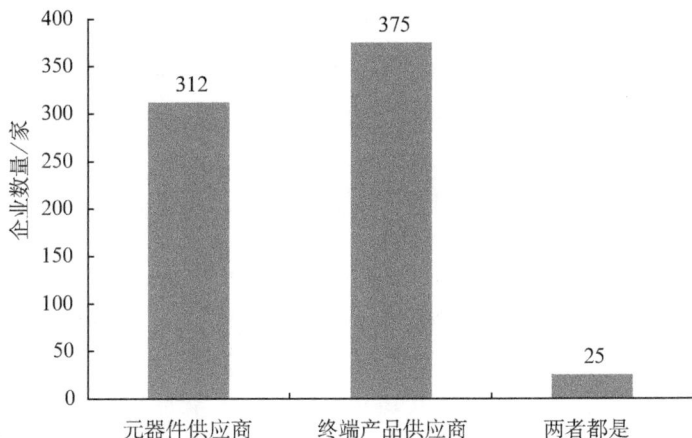

图 6-4 企业在产业链的分布

6.1.2 数据初步分析结果

欧洲创新调查结果表明，创新活动已经成为制造业企业的主要活动。然而，虽然服务创新活动在制造业企业较为流行，但开展服务创新活动的企业比例仍低于开展制造产品创新活动的企业比例。调查结果显示，开展服务创新活动的企业有 427 家，约占企业总量的 2/3。同期，开展制造产品创新活动的企业有 469 家，占企业总量的 70.8%。317 家企业同时开展制造产品创新和服务创新活动，仅有 83 家企业完全没有服务创新活动，如图 6-5 所示。

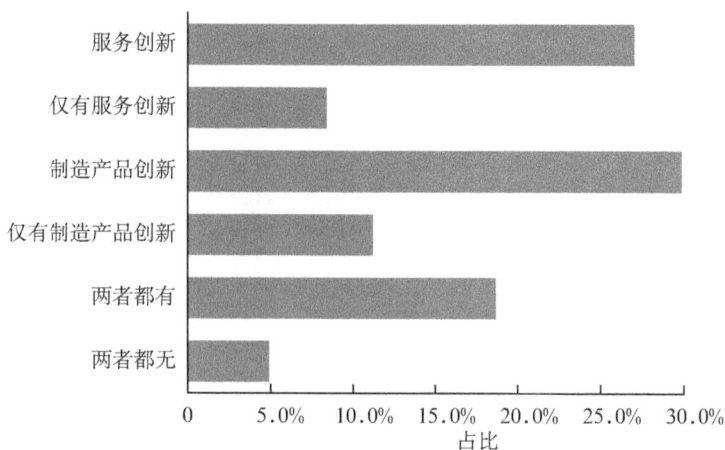

图 6-5 企业创新情况

662 家企业中，大企业开展创新活动的比例略高于中小企业。这一差别在制造产品创新活动中较为明显，而对服务创新活动来说差别并不显著。开展制造产品创新活动的大企业比例高达 81.1%，比中小企业高出近 13 个百分点。同期，开展服务创新活动的大企业比例为 66.1%，仅比中小企业高 2 个百分点，如图 6-6 所示。结果部分表明，开展服务创新活动所需的门槛能力低于制造产品创新活动。换句话说，与制造产品创新活动相比，服务创新活动要求相对较少的企业资源。

不同产业领域的企业开展服务创新活动的比例有较大差别。部分行业开展服务创新活动的企业比例较高，如其他非金属制造业、食品饮料和烟草制造业、橡胶和塑料制品业、纺织、皮革及相关产品制造业开展服务创新活动的企业比例均在 70% 以上。而金属加工业和电子仪器制造业（不包括 NACE33）开展服务创新活动的企业比例较低，仅分别为 28% 和 32%。而对制造产品创新活动来说，电子仪器制造业（不包括 NACE33）与食品饮料和烟草制造业开展制造产品创新活动的比例均高达 80%，其他非金属制造业、橡胶和塑料制品业、化工及化工相关产品制造业和纺织、皮革及相关产品制造业的企业比例也在 70% 以上，家具制造业和回收业及机械设备制造业的企业比例最低，但也有一半以上的企业开展制造产品创新活动，如图 6-7 所示。

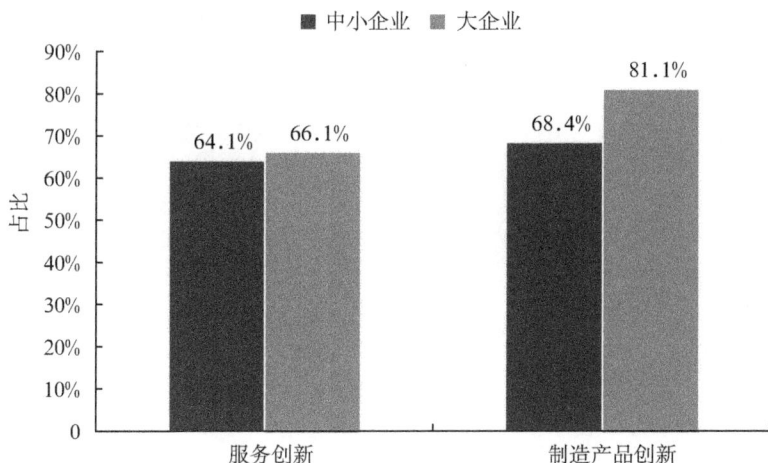

图 6-6 按规模分布的企业创新情况

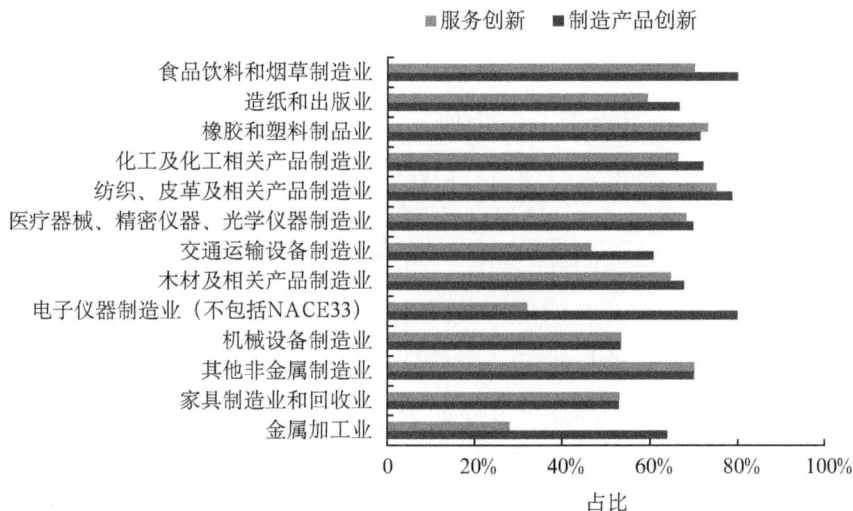

图 6-7 按产业领域分布的企业创新情况

分布在产业链不同位置的企业，开展服务创新活动的比例大致相当。64.7% 的元器件供应商和 64.5% 的终端产品供应商宣称自己开展服务创新活动，如图 6-8 所示。

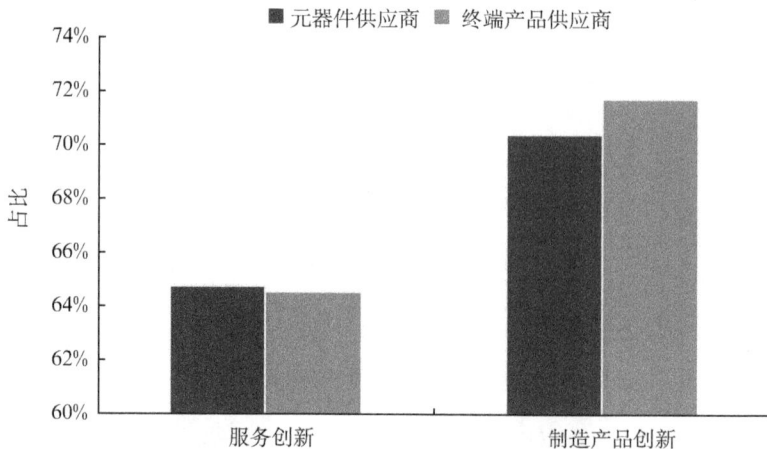

图 6-8　按产业链分布的企业创新情况

6.2　实证研究方法

6.2.1　研究问题和假设

本书采用回归分析的方法，验证市场因素、知识因素及战略与管理因素对制造业企业服务创新过程的影响。服务创新过程的顺利进行，可以通过服务创新成果进行测度。迄今为止，如何测度企业创新成果，仍然存在较大争议（Gow et al., 1998；Rogers, 1998）。多数研究仍然将研究开发和专利作为创新的代理指标（Flor et al., 2004）。然而，创新活动涉及从新思维的产生到产品和服务商业化的整个过程，而不仅是研究开发活动和专利。Oslo 手册指出，研究中通常提到两个测度创新的基本指标，即研究开发投入和专利数据。然而，作为创新投入指标，研究开发投入既不能完全涵盖企业内部所有创新努力，也没有涉及商业化过程。专利指标也有类似缺陷，它仅反映了企业的发明创造活动，而不涉及新产品和服务的商业化过程等创新活动关键过程。部分学者试图引入新的指标，如商标等测度服务创新成果（Schmoch, 2003；Mendonça et al., 2004；Gauch et al.; 2009）。然而，这些指标也无法反映创新的商业化过程。

当前,最能直接有效反映创新结果的指标,是新产品和服务的销售收入(Rogers,1998),其既反映了技术和非技术层面的创新活动,又是创新活动商业化结果的直接反映。SPRU 创新调查(Tether et al.,1997)和 Business Longitudinal Survey(Hawke,2000)等收集新产品和服务的销售收入等相关数据,用于分析企业创新结果。欧洲创新调研(EMS)也使用该指标来反映制造业的创新结果。

按照论文对服务创新的定义,服务创新的核心内容是全新的或经过重大改进的无形服务,通常以新的服务或新的商业模式的形式在市场上出现,通过商业化过程直接创造新的客户价值。对于制造业企业服务创新过程来说,新的服务销售收入占企业销售总额的比例是服务创新成果的直接反映。因此,本章采用新的服务销售收入占企业销售总额的比例来测度制造业企业服务创新成果。基于第四章的理论研究,本章提出 3 个假设。

假设 1:市场因素如企业与市场上客户、供应商和竞争对手的合作,促进制造业企业服务创新过程的顺利开展。

假设 2:知识因素如企业知识存量、人力资源、研究开发活动等,促进制造业企业服务创新过程的顺利开展。

假设 3:战略与管理因素如企业战略选择和管理,促进制造业企业服务创新过程的顺利开展。

本章将企业规模、制造产品创新、产业领域等因素作为控制变量,以消除这些因素对制造业企业服务创新过程的影响。

6.2.2 数据

本章实证研究数据来自欧洲创新调查结果。欧洲创新调查由德国弗劳恩霍夫协会系统与创新研究所(Fraunhofer-ISI)主持开展。该大型问卷调查项目于 1993 年首次在德国开展,2003 年以来每 3 年开展一次,旨在对制造业企业的创新进展进行系统监控。问卷面向雇员人数大于等于 20 人的企业,包括所有制造业行业(NACE 分类代码为 15-37),如食品饮料和烟草制造业、造纸及出版业、化学工业、医疗、光学和其他仪器设备制造业等。问卷涉及企业创新活动相关信息,包括企业技术进展、组织创新、合作、创新绩效、产品和服务创新,以及企业基本信息等,其中包含服务创新相关数据。

本次欧洲创新调查在德国、奥地利、克罗地亚、法国、英国、希腊、荷兰、瑞士、斯洛文尼亚和土耳其等 10 个国家开展。在德国发放问卷 13 426 份，回收 1663 份，回函率为 12.4%，其中有效问卷 662 份。调查结果反映了德国不同制造业行业的创新情况。其中，机械设备制造业企业占问卷发放企业总数的 22%，金属制品业企业占 19%，电子和光学仪器设备制造业企业占 19%，化学、橡胶、塑料制品业企业占 16%。

6.2.3 变量和方法

（1）因变量

本章实证研究采用新的服务销售收入指标，来反映制造业企业的服务创新能力。欧洲创新调查数据包括制造业企业直接获得的新服务收入，以及企业附加在制造产品上从而间接获得的新服务收入。这里引入二分变量 SI，用以说明企业是否进行服务创新活动。如果 SI 为 1，表明企业开展了服务创新相关活动，如果 SI 为 0，则表明企业没有引入服务创新活动。662 份有效问卷中，427 家企业（64.5%）宣称企业开展了服务创新活动，其中 361 家企业（54.5%）有直接的服务创新活动，357 家企业（53.9%）有间接的服务创新活动，12 家企业（1.8%）同时开展直接和间接的服务创新活动。

（2）解释变量

解释变量分为三大类，分别涉及市场因素、知识因素，以及战略与管理因素。

其中，知识能力涉及 7 个变量，分别是技术和工艺知识存量、组织知识存量、研究开发投入强度、研究开发和设计人员比例、高素质员工比例、市场知识的可获得性、研发合作和培训合作。涉及企业战略和管理能力的问题很少，并且只能勉强反映企业的该项能力。因此，本章实证研究涉及的战略和管理能力包括两个变量，一是公司战略，一是战略管理变量。实际上，这两个问题仅能从一定程度上反映企业的战略和管理能力，只能作为代理指标来勉强使用。有关企业市场能力的指标与战略和管理能力面临同样的问题。这里我们采用两个变量来间接反映制造业企业的市场能力，分别是企业与供应商和竞争对手的合作，以及企业与客户的合作。

（3）控制变量

控制变量包括制造产品创新者、2003—2005 新制造产品销售比例、产业代码、中小企业 4 个变量。此外，引入二分变量 MI 来表明企业是否进行制造产品创新，如果 *MI* 为 1，表明企业引入制造产品创新活动，如果 *MI* 为 0，则表明企业没有开展制造产品创新活动。

制造业企业的制造产品创新活动对企业的服务创新活动有一定影响，如表 6-1 所示。引入服务创新活动的企业数量随着制造产品创新活动表现出显著的区别，其中 *Pearson Chi-square* 为 6.7044，自由度为 12，*P* 检验值为 0.010。

表 6-1　制造业企业中制造产品创新对服务创新的影响

单位：家

制造产品创新	服务创新		
	未引入	引入	合计
引入	83	110	193
未引入	152	317	469
合计	235	427	662

注：*Pearson Chi-square*（12）=6.7044，*Pr* = 0.010。

服务创新活动也呈现出一定的行业特征，如表 6-2 所示。引入服务创新活动的制造业企业比例，随着行业不同有着显著的差别，其中 *Pearson Chi-square* 为 43.7626，自由度为 12，*P* 检验值为 0.000。对制造产品创新来说，行业领域对其影响很小，其中 *Pearson Chi-square* 仅为 15.9897，自由度为 12，*P* 检验值为 0.192。

表 6-2　制造业企业行业分布对服务创新和制造产品创新的影响

产业领域	服务创新[①]			制造产品创新[②]		
	未引入	引入	合计	未引入	引入	合计
食品饮料和烟草制造业	18	7	25	9	16	25
纺织、皮革及相关产品制造业	8	9	17	8	9	17
木材及相关产品制造业	3	7	10	3	7	10
造纸和出版业	14	16	30	14	16	30
化工及化工相关产品制造业	17	8	25	5	20	25
橡胶和塑料制品业	23	42	65	21	44	65
其他非金属制造业	15	13	28	11	17	28

续表

产业领域	服务创新①			制造产品创新②		
	未引入	引入	合计	未引入	引入	合计
金属加工业	37	79	116	35	81	116
机械设备制造业	40	120	160	34	126	160
电子仪器制造业（不包括NACE33）	29	57	86	24	62	86
医疗器械、精密仪器、光学仪器制造业	17	46	63	18	45	63
交通运输设备制造业	11	16	27	9	18	27
家具制造业和回收业	3	7	10	2	8	10
合计	235	427	662	193	469	662

注：① *Pearson Chi-square*（12）=43.7626，*Pr* = 0.000。

② *Pearson Chi-square*（12）=15.9897，*Pr* = 0.192。

企业规模也对企业的服务创新活动产生一定影响。这里引入二分变量 *F19a*，说明企业是否是中小企业。在 662 份有效问卷中，535 家企业（80.8%）为中小企业。由于大部分为中小企业，因此企业规模对服务创新活动影响不太显著，其中 *Pearson Chi-square* 为 0.1846，自由度为 12，*P* 检验值为 0.667，如表 6-3 所示。对制造产品创新来说，企业规模对其有一定影响，其中 *Pearson Chi-square* 为 8.0036，自由度为 12，*P* 检验值为 0.005。

表 6-3 制造业企业规模对服务创新的影响

中小企业	服务创新①			制造产品创新②		
	未引入	引入	合计	未引入	引入	合计
否	43	84	127	24	103	127
是	192	343	535	169	366	535
合计	235	427	662	193	469	662

注：① *Pearson Chi-square*（12）=0.1846，*Pr* = 0.667。

② *Pearson Chi-square*（12）=8.0036，*Pr* = 0.005。

本章实证研究所有变量及数据描述如表 6-4 所示。

表 6-4　变量及其描述（N=662）

变量名称	变量描述	均值	方差	最小值	最大值
因变量					
F06	新服务销售收入比例	8.2665	11.9844	0	85
F06i	新服务直接销售收入比例	3.6365	6.9854	0	80
F06k	新服务间接销售收入比例	4.6300	7.8408	0	50
SI	服务创新者	0.6450	0.4789	0	1
解释变量					
知识因素					
F13b	技术和工艺知识存量	0.9456	0.2269	0	1
F13c	组织知识存量	0.8867	0.3172	0	1
F19i	研究开发投入强度	4.0446	6.9156	0	60
RD	研究开发和设计人员比例	13.4441	12.2880	0	80
HR	高素质员工比例	68.2130	25.0018	0	100
F13d	市场知识的可获得性	0.8233	0.3817	0	1
F10a	研发合作和培训合作	0.6767	0.4681	0	1
战略与管理因素					
F14a	企业战略	0.4562	0.4985	0	1
F02m	供应链管理	0.3218	0.4675	0	1
市场因素					
F10c	与供应商和竞争对手的合作	0.6495	0.4775	0	1
F15e	与客户的合作	0.4622	0.4989	0	1
控制变量					
MI	制造产品创新者	0.7085	0.4548	0	1
F07b	2003—2005 新制造产品销售比例	13.4773	16.4369	0	100
F00	产业代码	27.4260	4.4480	15	36
F19a	中小企业	0.8082	0.3940	0	1

6.2.4 数据处理

本章实证研究结果显示，大多数非二分变量并不满足线性回归分析的正态分布条件，如图6-9所示。为满足线性回归条件，必须对这些数据进行预先处理。下文以变量 *F06*（新服务销售收入比例）为例，说明数据的处理过程。首先描绘出变量 *F06* 的正态概率图，看其是否称正态分布。数据点偏离直线的距离，表明了变量 *F06* 偏离正态分布的距离。由此我们得出，变量 *F06* 并非呈现正态分布。

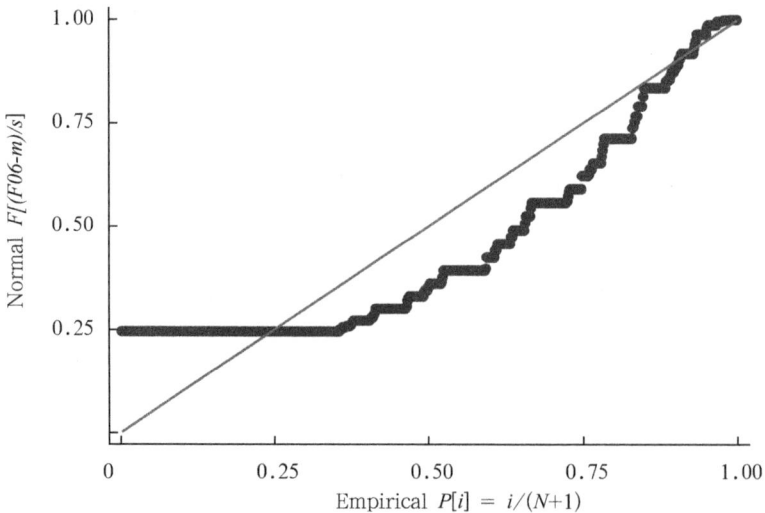

图 6-9 变量 *F06* 的正态概率

由于变量 *F06* 的非正态分布，需要进行数据转换，使其尽量满足正态分布条件。数据转换有多种方式，包括平方、立方、平方根、对数等方法，如何选择主要依据变量数据的实际分布。这里我们采用 Stata 的 Gladder 功能来选择最为合适的数据转换方法，如图 6-10 所示。

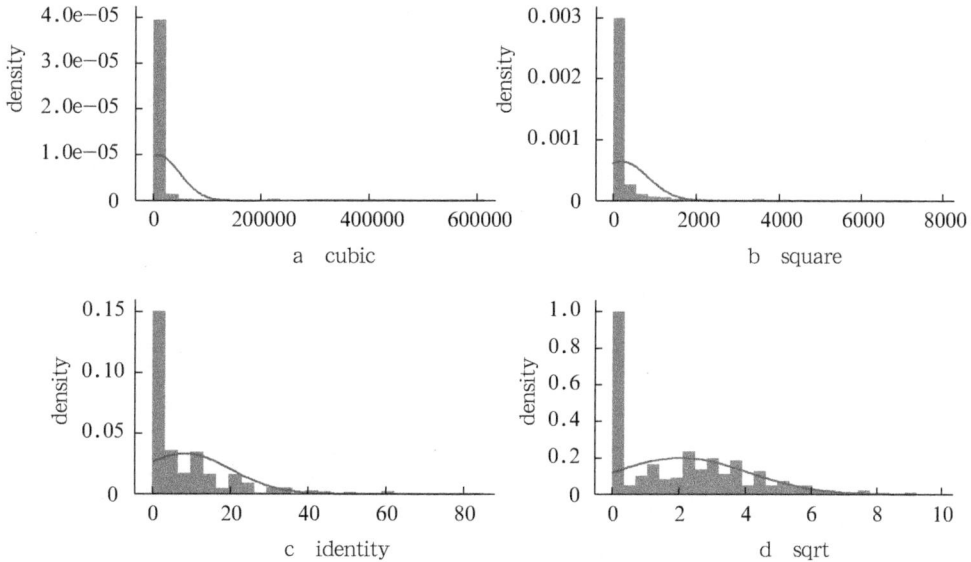

图 6-10　变量 *F06* 的数据转换

从图 6-10 来看，我们得知平方根是变量 *F06* 最合适的数据转换方法，因为平方根转换有着最小的 Chi-Square。从而我们获得了新的变量 *F06sqrt*，转换公式为：

$$F06sqrt = \sqrt{F06}\ 。 \tag{6-1}$$

所有其他非正态分布的非二分变量都采用该办法转变为接近正态分布的新变量。需要说明的是，这里有一个相对特殊的定性变量 *F00*，描述了 662 家企业的行业领域分布信息，共有 13 个值。按照统计学一般处理规则，超过 5 个值的定性变量可以当作定量变量进行处理。因此对 *F00*、*F06*、*F06i*、*F06k*、*RD*、*HR* 和 *F07b* 等 7 个变量都做了数据转换，使其尽量满足线性回归的条件。生成的新变量名称相应为 *F00sqrt*、*F06sqrt*、*F06isqrt*、*F06ksqrt*、*RDsqrt*、*HRsqrt* 和 *F07bsqrt*。对变量进行预先处理后的变量相关性矩阵如表 6-5 所示。

表6-5 变量相关性矩阵 （N=662）

变量	F06sqrt	F06isqrt	F06ksqrt	F13b	F13c	F19isqrt	RDsqrt	HRsqrt	F13d	F10a	F14a	F02m	F10c	F15e	F07sqrt	F00sqrt	F19a
F06sqrt	1.0000																
F06isqrt	0.8351*	1.0000															
F06ksqrt	0.8772*	0.5054*	1.0000														
F13b	-0.0045	-0.0135	0.0024	1.0000													
F13c	-0.0314	-0.0223	-0.0276	0.4607*	1.0000												
F19isqrt	0.0943*	0.1053*	0.0633	0.1742*	0.1099*	1.0000											
RDsqrt	0.2672*	0.3108*	0.1651*	0.1723*	0.0333	0.2953*	1.0000										
HRsqrt	0.1461*	0.1915*	0.0728	0.0648	0.0536	0.0752	0.3728*	1.0000									
F13d	0.1602*	0.1555*	0.1163*	0.2382*	0.2467*	0.1023*	0.1921*	0.1262*	1.0000								
F10a	0.0469	0.0762	0.0217	0.1191*	0.1300*	0.1242*	0.2393*	0.1447*	0.0777*	1.0000							
F14a	0.0424	0.0642	0.0142	0.0190	0.0403	0.1250*	0.2841*	0.1334*	0.1381*	0.1273*	1.0000						
F02m	0.0108	-0.0267	0.0320	0.0939*	0.1646*	0.0022	-0.0356	-0.0748	-0.0200	0.1442*	-0.0076	1.0000					
F10c	0.0832	0.0823*	0.0486	0.0752	0.1270*	0.0277	0.0542	0.0644	0.0996*	0.1896*	0.0498	0.1670*	1.0000				
F15e	0.1332*	0.0932*	0.1311*	0.0620	0.0159	-0.0122	0.0727	-0.0066	0.0483	0.0254	-0.0280	0.0489	0.0206	1.0000			
F07sqrt	0.1091*	0.1001*	0.0962*	0.1357*	0.1381*	0.2338*	0.2481*	0.0981*	0.0636	0.2362*	0.1757*	0.0600	0.0642	-0.0316	1.0000		
F00sqrt	-0.1641*	-0.1897*	-0.1175*	-0.1065*	-0.1009*	-0.1470*	-0.2868*	-0.2043*	-0.0594	-0.1032*	-0.1402*	0.0398	-0.0379	-0.1092*	-0.1106*	1.0000	
F19a	0.0763*	0.0494	0.0875*	-0.1168*	-0.1621*	-0.0540	-0.0889*	-0.0147	-0.0045	-0.1727*	-0.0467	-0.3543*	-0.0684	0.0824*	-0.0917*	0.0902*	1.0000

注：* 表示 $P < 0.05$。

6.3　制造业企业服务创新过程影响因素回归分析

6.3.1　制造业企业服务创新与知识因素

制造业企业的知识因素与服务创新过程的关系验证采用线性回归模型和二分 Probit 模型。实证分析包括 3 个采用不同因变量的线性回归模型和 1 个 Porbit 模型，结果如表 6–6 所示。4 个模型都显著。模型 6.1 采用新服务销售收入比例（变量 *F06sqrt*）作为制造业企业服务创新成果的代理指标，验证服务创新过程与知识因素（变量 *F13b*、*F13c*、*F19isqrt*、*RDsqrt*、*HRsqrt*、*F13d* 和 *F10a*）的相关关系。模型 6.2 采用新服务直接销售收入比例（变量 *F06isqrt*）作为制造业企业服务创新成果的代理指标，模型 6.3 采用新服务间接销售收入比例（变量 *F06ksqrt*）作为制造业企业服务创新成果的代理指标。模型 6.4 采用二分变量 *SI*（服务创新者）作为服务创新成果的代理指标，检验其与知识因素（变量 *F13b*、*F13c*、*F19isqrt*、*RDsqrt*、*HRsqrt*、*F13d* 和 *F10a*）的相关关系。

表 6–6　知识因素回归结果（*N*=662）

自变量	模型 6.1	模型 6.2	模型 6.3	模型 6.4
因变量	*F06sqrt*	*F06isqrt*	*F06ksqrt*	*SI*
F13b	−0.530	−0.538**	−0.204	−0.217
	（0.378）	（0.270）	（0.316）	（0.269）
F13c	−0.304	−0.141	−0.230	−0.369*
	（0.272）	（0.194）	（0.228）	（0.200）
F19isqrt	0.016	0.016	0.006	0.048
	（0.057）	（0.041）	（0.048）	（0.040）
RDsqrt	0.245***	0.207***	0.118***	0.113***
	（0.053）	（0.038）	（0.044）	（0.037）
HRsqrt	0.039	0.055*	−0.002	0.032
	（0.045）	（0.032）	（0.038）	（0.031）
F13d	0.699***	0.450***	0.438**	0.450***
	（0.206）	（0.147）	（0.172）	（0.140）

自变量	模型 6.1	模型 6.2	模型 6.3	模型 6.4
因变量	F06sqrt	F06isqrt	F06ksqrt	SI
F10a	−0.060	0.017	−0.052	0.087
	（0.168）	（0.120）	（0.141）	（0.116）
F07sqrt	0.051	0.020	0.050*	
	（0.034）	（0.024）	（0.028）	
MI				0.181
				（0.118）
F00sqrt	−3688.865***	−2912.324***	−2511.083**	−2791.289***
	（1395.177）	（996.671）	（1167.683）	（962.768）
F19a	0.477**	0.266*	0.414**	0.027
	（0.194）	（0.138）	（0.162）	（0.135）
Constant	0.857	0.259	0.785*	−0.171
	（0.528）	（0.377）	（0.442）	（0.366）
Observations	662	662	662	662
F	8.361	10.38	4.063	
R-squared	0.114	0.138	0.059	.
Adjust R-square	0.100	0.124	0.044	
pseudo R-square				0.0749
Chi²				64.50

注：*** $P < 0.01$，** $P < 0.05$，* $P < 0.1$ Standard errors in parentheses。

总的来说，由于服务创新活动的复杂性和在不同产业的特征，制造业企业服务创新过程的影响因素随着产业领域的不同呈现较大差别。模型 6.1 至模型 6.4 也表明，在 0.01 的显著性水平上，表征产业领域差别的变量 F00sqrt 对制造业企业服务创新过程有着一定程度的影响。此外，不同规模的制造业企业，其服务创新行为也有一定差异，这在模型 6.1 至模型 6.3 中也有体现，即变量 F19a 分布在 0.05、0.10 和 0.05 的水平下显著。而在模型 6.4 中，F19a 并不显著。企业的制造产品创新活动对服务创新过程的影响，在模型 6.1、模型 6.2 和模型 6.4 中并未得到证实，F07sqrt 仅在模型 6.3 中在 0.1 的水平下显著。这一结果从理论上来说也是合理的，因为在制造业企业中，只有间接的新服务销售收入与制造产品活动有着密切联系，因此制造产品创新活动仅对以新服务间接销售收入比例来表征的服务创新过程产生一定影响。在后续模型6.5至模型6.7及模型6.9至模型6.11中，这些控制变量都有类似结论，下文不一一陈述。

（1）模型6.1

模型6.1采用新服务销售收入比例（$F06sqrt$）作为制造业企业服务创新成果的代理指标。仅有两个变量对新服务销售收入比例产生显著影响，分别为研究开发和设计人员比例（$RDsqrt$）和市场知识的可获得性（$F13d$）。模型的F值为8.4，修正的R^2为0.100。模型表明，研究开发和设计人员对制造业企业的服务创新活动有着重要影响（$P < 0.01$），1单位$RDsqrt$变化，能够带来0.245单位$F06sqrt$的变化。此外，市场知识的可获得性也对新服务销售收入比例产生着重要的积极影响（$P < 0.01$），1单位市场知识可获得性的变化，能够带来0.669单位$F06sqrt$的变化。

（2）模型6.2

模型6.2采用新服务直接销售收入比例（$F06isqrt$）表征制造业企业的服务创新成果。该模型中共有4个变量显著，分别为技术和工艺知识存量（$F13b$）、研究开发和设计人员比例（$RDsqrt$）、高素质员工比例（$HRsqrt$）和市场知识的可获得性（$F13d$），它们对新产品直接销售收入比例产生正向或负向影响。$F13b$在0.05的显著性水平下，对$F06isqrt$产生消极影响。$RDsqrt$、$HRsqrt$和$F13d$分别在0.01、0.10和0.01的显著性水平下，对$F06isqrt$产生正向影响，影响系数分别为0.207、0.055和0.450。

（3）模型6.3

模型6.3采用新服务间接销售收入比例（$F06ksqrt$）来表征制造业企业的服务创新成果，模型F值为4.063，修正的R^2为0.044。该模型仅有两个变量显著，分别为研究开发和设计人员比例（$RDsqrt$）和市场知识的可获得性（$F13d$），两者分别在0.01和0.05的显著性水平下，对新服务间接销售收入比例产生积极影响，影响系数分别为0.118和0.438。

（4）模型6.4

模型6.4为Probit回归模型，使用二分变量SI（服务创新者）作为企业服务创新过程的代理指标。控制变量$F07bsqrt$（2003—2005新制造产品销售比例）也相应换作二分变量 *MI*（制造产品创新者）。该模型显著，其中 Chi^2 为 64.50，*pseudo R-square* 为 0.0749。该模型中有 3 个变量对制造业企业是否开展服务创新活动发挥重要影响。组织知识存量（*F13c*）对制造业企业服务创新活动的开展起着消极作用，影响系数为 -0.369，显著性水平为 0.1。研究开发和设计人员比例（*RDsqrt*）和市场知识的可获得性（*F13d*）对企业服务创新活动的开展起着促进作用，影响系数分别为 0.113 和 0.450，显著性水平均为 0.10。

6.3.2 制造业企业服务创新和战略与管理因素

为验证制造业企业的战略与管理因素和服务创新过程的关系，采用线性回归模型和二分 Probit 模型进行回归分析，结果如表 6-7 所示。所有的 4 个模型都显著。模型 6.5 采用新服务销售收入比例（*F06sqrt*）作为制造业企业服务创新成果的代理指标，验证服务创新过程和战略与管理因素（*F14a* 和 *F02m*）的相关关系。模型 6.6 采用新服务直接销售收入比例（*F06isqrt*）作为制造业企业服务创新成果的代理指标，模型 6.7 采用新服务间接销售收入比例（*F06ksqrt*）作为制造业企业服务创新成果的代理指标。Probit 回归模型 6.8 采用二分变量 *SI*（服务创新者）作为服务创新过程的代理指标，检验和战略与管理因素（*F14a* 和 *F02m*）的相关关系。

表 6-7　战略与管理因素回归结果（*N*=662）

自变量 　　　　　因变量	模型 6.5 *F06sqrt*	模型 6.6 *F06isqrt*	模型 6.7 *F06ksqrt*	模型 6.8 *SI*
F14a	0.033	0.081	−0.041	0.048
	（0.157）	（0.114）	（0.128）	（0.104）
F02m	0.232	0.009	0.275*	0.118
	（0.175）	（0.127）	（0.143）	（0.117）
F07sqrt	0.083**	0.051**	0.064**	
	（0.033）	（0.024）	（0.027）	
MI				0.230**
				（0.113）
F00sqrt	−5896.786***	−4750.414***	−3603.765***	−3921.901***
	（1387.764）	（1004.533）	（1132.986）	（929.868）

续表

自变量	模型 6.5	模型 6.6	模型 6.7	模型 6.8
因变量	F06sqrt	F06isqrt	F06ksqrt	SI
F19a	0.609***	0.279*	0.556***	0.076
	（0.209）	（0.151）	（0.171）	（0.139）
Constant	1.612***	1.125***	0.931***	0.338*
	（0.255）	（0.185）	（0.208）	（0.173）
Observations	662	662	662	662
F	6.578	6.683	5.123	
R-squared	0.048	0.048	0.038	.
Adjust R-square	0.0405	0.0412	0.0302	
pseudo R-square				0.0310
Chi²				26.69

注：*** $P < 0.01$，** $P < 0.05$，* $P < 0.1$ Standard errors in parentheses。

（1）模型 6.5

模型 6.5 采用新服务销售收入比例（F06sqrt）作为制造业企业服务创新成果的代理指标。没有变量对新服务销售收入比例产生显著影响，模型的 F 值为 6.6，修正的 R^2 为 0.04。这意味着关注创新技术和服务的企业战略，以及企业开展的供应链管理，对新服务销售收入比例都没有直接影响。

（2）模型 6.6

模型 6.6 采用新服务直接销售收入比例（F06isqrt）表征制造业企业的服务创新成果。该模型的 F 值为 6.7，修正的 R^2 为 0.05。与模型 6.5 类似，没有变量对新服务直接销售收入比例产生显著影响。

（3）模型 6.7

模型 6.7 采用新服务间接销售收入比例（F06ksqrt）来表征制造业企业的服务创新成果，模型 F 值为 5.1，修正的 R^2 为 0.03。该模型中，企业的供应链管理（F02m）对企业新服务间接销售收入比例产生一定影响，影响系数为 0.275，显著性水平为 0.10。

（4）模型 6.8

模型 6.8 为 Probit 回归模型，使用二分变量 SI（服务创新者）作为企业服务创新过程的代理指标。控制变量 *F07bsqrt* 也相应换作二分变量 *MI*（制造产品创新者）。该模型的 *Chi²* 为 26.69，*pseudo R-square* 为 0.0310。但是模型中没有变量显著。

6.3.3 制造业企业服务创新与市场因素

采用线性回归模型和二分 Probit 模型验证制造业企业的市场因素与服务创新过程的关系。实证分析包括 3 个线性回归模型和 1 个 Porbit 模型，如表 6-8 所示。所有的 4 个模型都显著。模型 6.9 采用新服务销售收入比例（*F06sqrt*）作为制造业企业服务创新成果的代理指标，验证服务创新能力与市场能力（*F10c* 和 *F15e*）的相关关系。模型 6.10 采用新服务直接销售收入比例（*F06isqrt*）作为制造业企业服务创新成果的代理指标，模型 6.11 采用新服务间接销售收入比例（*F06ksqrt*）作为制造业企业服务创新成果的代理指标。Probit 回归模型 6.12 采用二分变量 *SI*（服务创新者）作为服务创新过程的代理指标，检验与市场因素（*F10c* 和 *F15e*）的相关关系。

表 6-8　市场因素回归结果（*N*=662）

自变量 因变量	模型 6.9 *F06sqrt*	模型 6.10 *F06isqrt*	模型 6.11 *F06ksqrt*	模型 6.12 *SI*
F10c	0.317**	0.224*	0.147	0.203*
	（0.159）	（0.116）	（0.131）	（0.106）
F15e	0.446***	0.201*	0.372***	0.170*
	（0.154）	（0.112）	（0.126）	（0.103）
F07sqrt	0.086***	0.053**	0.066**	
	（0.033）	（0.024）	（0.027）	
MI				0.237**
				（0.112）
F00sqrt	−5234.056***	−4564.240***	−2952.049***	−3701.841***
	（1372.552）	（996.658）	（1124.402）	（927.242）
F19a	0.482**	0.267*	0.409**	0.027
	（0.195）	（0.142）	（0.160）	（0.131）

续表

自变量 因变量	模型 6.9	模型 6.10	模型 6.11	模型 6.12
	F06sqrt	*F06isqrt*	*F06ksqrt*	*SI*
Constant	1.343***	0.919***	0.807***	0.211
	（0.254）	（0.185）	（0.208）	（0.175）
Observations	662	662	662	662
F	8.860	8.086	6.437	
R-squared	0.063	0.058	0.047	.
Adjust R-square	0.0561	0.0509	0.0395	
pseudo R-square				0.0371
Chi²				31.99

注：*** $P < 0.01$，** $P < 0.05$，* $P < 0.1$ Standard errors in parentheses。

（1）模型 6.9

模型 6.9 采用新服务销售收入比例（*F06sqrt*）作为制造业企业服务创新成果的代理指标。模型的 F 值为 8.9，修正的 R^2 为 0.06。两个变量均对新服务销售收入比例产生显著影响。与客户的合作（*F15e*）对新服务销售收入比例产生显著影响，显著性水平为 0.01，1 单位 *F15e* 的变化，能够带来 0.446 单位 *F06sqrt* 的变化。此外，与供应商和竞争对手的合作（*F10c*）也对新服务销售收入比例产生着重要的积极影响（$P < 0.05$），1 单位与供应商和竞争对手的合作变化，能够带来 0.317 单位的 *F06sqrt* 变化。

（2）模型 6.10

模型 6.10 采用新服务直接销售收入比例（*F06isqrt*）表征制造业企业的服务创新成果。该模型的 F 值为 8.08，修正的 R^2 为 0.051。在 0.10 的显著性水平上，两个变量 *F10c* 和 *F15e* 都显著，影响系数分别为 0.224 和 0.201。

（3）模型 6.11

模型 6.11 采用新服务间接销售收入比例（*F06ksqrt*）来表征制造业企业的服务创新成果。模型的 F 值为 6.44，修正的 R^2 为 0.047。该模型仅有一个变量显著，即与客户的合作（*F15e*），在 0.01 的显著性水平下，对新服务间接销售收入比例产生积极影响，影响系数为 0.372。

（4）模型6.12

模型6.12为Probit回归模型，使用二分变量 *SI*（服务创新者）作为企业服务创新过程的代理指标。控制变量 *F07bsqrt* 也相应换作二分变量 *MI*。该模型显著，其中 *Chi²* 值为31.99，*pseudo R-square* 为0.0371。该模型两个变量对制造业企业是否开展服务创新活动都发挥重要影响。与供应商和竞争对手的合作（*F10c*）和与客户的合作（*F15e*）对制造业企业服务创新活动的开展起着积极作用，影响系数分别为0.203和0.170，显著性水平为0.10。

6.3.4 制造业企业服务创新过程影响因素全模型

制造业企业的市场因素与服务创新成果的关系验证采用线性回归模型和二分Probit模型，结果如表6-9所示。所有的4个模型都显著。模型6.13采用新服务销售收入比例（*F06sqrt*）作为制造业企业服务创新成果的代理指标，看服务创新成果与知识因素（*F13b*、*F13c*、*F19isqrt*、*RDsqrt*、*HRsqrt*、*F13d* 和 *F10a*）、战略与管理因素（*F14a* 和 *F02m*），以及市场因素（*F10c* 和 *F15e*）的相关关系。模型6.14采用新服务直接销售收入比例（*F06isqrt*）作为制造业企业服务创新成果的代理指标，模型6.15采用新服务间接销售收入比例（*F06ksqrt*）作为制造业企业服务创新成果的代理指标。Probit回归模型6.16采用二分变量 *SI*（服务创新者）作为服务创新过程的代理指标，检验其与知识因素（*F13b*、*F13c*、*F19isqrt*、*RDsqrt*、*HRsqrt*、*F13d* 和 *F10a*）、战略与管理因素（*F14a* 和 *F02m*），以及市场因素（*F10c* 和 *F15e*）的相关关系。

表6-9 全回归模型（*N*=662）

自变量 因变量	模型6.13 *F06sqrt*	模型6.14 *F06isqrt*	模型6.15 *F06ksqrt*	模型6.16 *SI*
F13b	−0.633*	−0.588**	−0.289	−0.261
	（0.376）	（0.270）	（0.315）	（0.270）
F13c	−0.376	−0.170	−0.286	−0.412**
	（0.272）	（0.195）	（0.227）	（0.202）

自变量 因变量	模型 6.13 F06sqrt	模型 6.14 F06isqrt	模型 6.15 F06ksqrt	模型 6.16 SI
F19isqrt	0.027	0.021	0.014	0.052
	（0.057）	（0.041）	（0.048）	（0.040）
RDsqrt	0.256***	0.215***	0.126***	0.122***
	（0.054）	（0.039）	（0.045）	（0.038）
HRsqrt	0.050	0.058*	0.008	0.037
	（0.045）	（0.032）	（0.038）	（0.031）
F13d	0.707***	0.450***	0.453***	0.459***
	（0.206）	（0.148）	（0.172）	（0.142）
F10a	−0.136	−0.020	−0.104	0.050
	（0.170）	（0.122）	（0.142）	（0.118）
F14a	−0.235	−0.147	−0.168	−0.119
	（0.156）	（0.112）	（0.131）	（0.110）
F02m	0.291*	0.063	0.302**	0.171
	（0.174）	（0.125）	（0.145）	（0.123）
F10c	0.263*	0.186	0.108	0.167
	（0.159）	（0.114）	（0.133）	（0.112）
F15e	0.378**	0.163	0.321**	0.138
	（0.150）	（0.108）	（0.126）	（0.106）
F07sqrt	0.058*	0.024	0.056**	
	（0.034）	（0.024）	（0.028）	
MI				0.170
				（0.121）
F00sqrt	−3580.205**	−2852.287***	−2436.707**	−2843.762***
	（1396.559）	（1004.321）	（1169.877）	（982.284）
F19a	0.546***	0.273*	0.490***	0.081
	（0.205）	（0.147）	（0.171）	（0.144）
Constant	0.513	0.130	0.494	−0.355
	（0.537）	（0.386）	（0.449）	（0.377）

续表

自变量 因变量	模型 6.13 F06sqrt	模型 6.14 F06isqrt	模型 6.15 F06ksqrt	模型 6.16 SI
Observations	662	662	662	662
F	7.253	7.997	4.036	
R-squared	0.136	0.148	0.080	.
Adjust R-square	0.117	0.129	0.0604	
pseudo R-square				0.0844
Chi²				72.66

注：*** $P < 0.01$，** $P < 0.05$，* $P < 0.1$ Standard errors in parentheses。

在全模型中，制造产品创新对企业服务创新过程的影响，在模型 6.13 和模型 6.15 中有所体现，显著性水平分别为 0.10 和 0.05。在模型 6.14 和模型 6.16 中，制造产品创新活动对服务创新过程的影响不显著，表明在制造业企业中，制造产品创新活动对新服务直接销售收入比例和企业是否开展服务创新没有太大影响。4 个模型中，产业领域分布都对服务创新过程有着一定的影响。而企业规模则在模型 6.16 中不显著。

（1）模型 6.13

模型 6.13 采用新服务销售收入比例（F06sqrt）作为制造业企业服务创新过程的代理指标。模型的 F 值为 7.25，修正的 R^2 为 0.12。该模型共有 6 个变量对新服务销售收入比例产生显著影响，分别为技术和工艺知识存量（F13b）、研究开发和设计人员比例（RDsqrt）、市场知识的可获得性（F13d）、供应链管理（F02m）、与供应商和竞争对手的合作（F10c），以及与客户的合作（F15e）。其中，只有技术和工艺知识存量（F13b）对制造业企业新服务销售收入比例产生消极影响，在 0.10 显著性水平下，系数为 −0.633。其他 5 个变量均对制造业企业服务创新成果产生正面影响，系数分别为 0.256、0.707、0.291、0.263 和 0.378，显著性水平分别为 0.01、0.01、0.10、0.10 和 0.05。

（2）模型 6.14

模型 6.14 采用新服务直接销售收入比例（F06isqrt）表征制造业企业的服务创新成果。该模型的 F 值为 8.00，修正的 R^2 为 0.148。该模型共有 4 个变量显著，分别为技术和工艺知识存量（F13b）、研究开发和设计人员比例（RDsqrt）、高素质员工比例（*HRsqrt*）和市场知识的可获得性（*F13d*）。其中，技术和工艺知识存量（*F13b*）对制造业企业服务创新成果产生负面影响，系数为 –0.588，显著性水平为 0.05。其他 3 个变量对制造业企业服务创新成果有一定的积极影响，系数分别为 0.215、0.058 和 0.450，显著性水平分别为 0.01、0.10 和 0.01。

（3）模型 6.15

模型 6.15 采用新服务间接销售收入比例（*F06ksqrt*）来表征制造业企业的服务创新成果，模型的 F 值为 4.04，修正的 R^2 为 0.080。该模型共有 3 个变量显著，分别是研究开发和设计人员比例（*RDsqrt*）、市场知识的可获得性（*F13d*），以及供应链管理（*F02m*），系数分别为 0.126、0.453 和 0.302，显著性水平分别为 0.01、0.01 和 0.05。

（4）模型 6.16

模型 6.16 为 Probit 回归模型，使用二分变量 *SI*（服务创新者）作为企业服务创新过程的代理指标。控制变量 *F07bsqrt* 也相应换作二分变量 *MI*。该模型 Chi^2 值为 72.66，*pseudo R-square* 为 0.0844。该模型中仅有 3 个变量对制造业企业是否开展服务创新活动都发挥重要影响，分别为组织知识存量（*F13c*）、研究开发和设计人员比例（*RDsqrt*），以及市场知识的可获得性（*F13d*）。其中，组织知识存量（*F13c*）对制造业企业是否开展服务创新活动起到负面作用，系数为 –0.412，显著性水平为 0.05。而研究开发和设计人员比例（*RDsqrt*）和市场知识的可获得性（*F13d*）对制造业企业是否开展服务创新活动有一定的积极作用，系数分别为 0.122 和 0.459，显著性水平均为 0.01。

6.4　小结

实证研究表明，知识因素和市场因素对制造业企业服务创新过程有至关重要的作用。从事研究开发和设计活动的员工，对制造业企业服务创新成果发挥着重要的作用，相关变量 *RDsqrt* 在所有模型中都显著。市场知识的可获得性也影响着制造业企业服务创新过程，相关变量 *F13d* 在所有模型中都显著，在模型 6.14 至模型 6.16 中，变量 *F13d* 的影响相对稳定，系数在 0.045 左右。由于数据局限性，无法找到合适的变量表征战略与管理因素，因素的替代变量也不限制。

实证研究与理论分析基本一致。对服务创新来说，最重要的是新思维和新概念，服务创新构想极大地决定了服务创新的成功概率。因此，具有主观能动性、能够不断产生新思维的员工，在制造业企业服务创新过程中发挥着关键作用。此外，制造业企业服务创新活动的主要目的是为了满足市场上不断变化的客户需求，因此市场上相关知识的获得、对服务创新成果的提升，也发挥着巨大的作用。市场相关知识确保制造业企业的服务创新活动能够满足客户不断变化的需求。

实证研究中，企业的研究开发支出在模型中并不显著，技术和工艺知识存量和组织知识存量与服务创新成果呈现负相关。主要原因是欧洲创新调研涉及的企业多为中小制造业企业，企业创新资源十分有限。创新活动以技术创新为主，更多地关注技术研发，以及如何将技术创新涉及的新思维成功转化为技术创新成果。企业技术和工艺知识存量与组织知识存量主要为企业制造产品创新和工艺创新，较少涉及服务创新信息和知识企业的研究开发活动及相关经费支出。在企业有限的知识积累能力和创新资源约束下，技术和工艺创新相关知识挤占了获取服务创新相关知识的资源空间，使得企业在有限的资源约束条件下无暇顾及服务创新活动的开展。

第七章
增强制造业企业服务创新相关政策研究

制造业企业服务创新的发展，离不开宏观政策扶植，有效的政策扶持能够大力推进制造业企业服务创新活动的开展。本章首先分析我国制造业企业服务创新面临的政策环境和问题，结合发达国家为促进服务创新开展的相关政策，提出增强我国制造业企业服务创新的相关政策建议。

7.1 我国制造业企业服务创新政策环境及问题

7.1.1 我国制造业企业服务创新政策环境

我国制造业企业服务创新活动的相关政策，可以从两个角度分析归纳。从消除制度失灵的角度，可以将制造业企业服务创新活动的相关政策分为消除市场失灵和消除系统失灵的政策。市场失灵源于产品和服务在生产和流通环节的无效配置，从而造成收入与财富分配不公、外部负效应、竞争失败和市场垄断的形成等问题。引起市场失灵的主要原因有 3 个：一是企业市场势力（market power）的不平衡而导致的不完全竞争和垄断；二是外部性导致其他企业在相关资源、产品和服务使用上的搭便车行为；三是信息不对称引发的供求双方不完全信息和高度风险及不确定性（Arndt，1988；Stiglitz，1989；Rubalcaba，2006；Kox et al.，2007）。为消除市场失灵，需要规范性政策如知识产权相关政策、市场准入政策及政府采购政策等。系统失灵主要指由于系统性缺陷导致的系统失效（Woolthuis et al.，2005），包括：①基础设施失灵，如公路、信息通信基础设施和科技基础设施的缺陷（Edquist et al.，1998；Smith，2000）；②体制失灵，如公共法律系统和社会价值系统的缺陷（Johnson et al.，1994；Carlsson et al.，1997；Edquist et al.，1998）；③联系失灵（interaction failure），如企业和学术界互动的缺失（Carlsson et al.，1997；Smith，2000）；④能力失灵，如企业能力和资源的缺乏（Edquist et al.，

1998）。为消除系统失灵，需要创新平台建设、教育政策、人才政策、中小企业政策等相关政策。

另外，可以基于服务创新研究从属的、区别的，以及综合的分析视角，将制造业企业服务创新政策工具分为 3 类，包括扩展的政策工具（broadening policy）、深化的政策工具（deepening policy）及平行政策工具（horizontal policy），这一研究方法由 Rubalcaba（2006）提出，被 Kuusisto（2008）沿用。从属的研究方法提供了与研究技术创新类似的方法来研究服务创新，从而需要扩展的创新政策工具，使其不仅覆盖技术创新，也覆盖服务创新；区别的研究方法认为服务创新研究与技术创新研究有着明显的不同，从而需要聚焦于服务创新活动深化的政策工具；综合的研究方法对服务创新和技术创新进行联合研究，从而需要平行的政策工具，主要关注基础设施和环境建设，促进所有创新活动包括服务创新活动的开展。

目前，我国创新政策仍主要关注企业的技术创新活动，近年来创新政策才逐渐开始关注服务创新活动。虽然我国服务创新相关政策建设处于初始阶段，但政策覆盖范围较广，强调现代服务业尤其是信息通信技术服务业的重要作用，如图 7-1 所示。我国当前涉及服务创新的相关政策，在促进制造业企业服务创新活动的开展，以及制造业企业服务创新能力的提升方面发挥了一定作用。

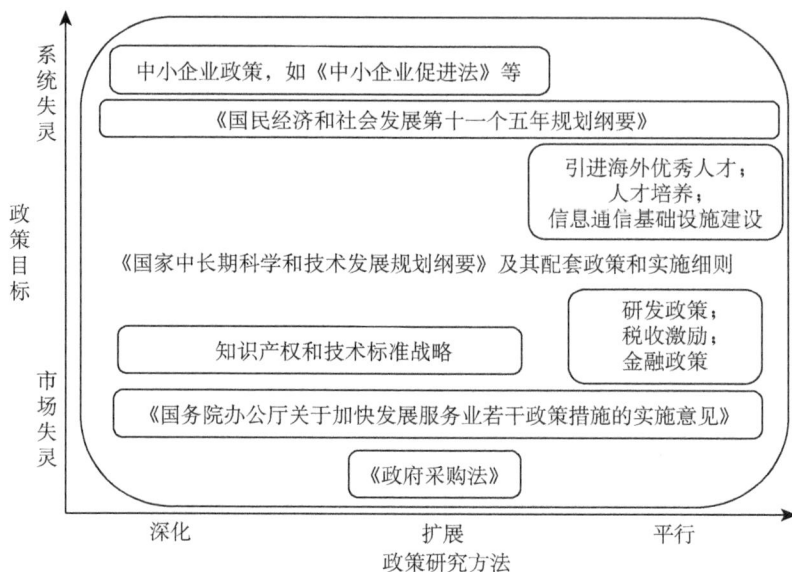

图 7-1　我国国家层面涉及服务创新的相关政策

（1）《国家中长期科学和技术发展规划纲要》及其相关政策

《国家中长期科学和技术发展规划纲要》（简称《规划纲要》）及其配套政策和实施细则强调自主创新和创新能力建设，全面推进了我国创新体系建设，大力提升了我国的国家竞争力，对于我国未来科技和经济社会发展具有极其重要的战略意义。《规划纲要》及其相关政策涉及水平政策工具，如税收激励、金融政策、研发政策等，提出"到 2020 年，全社会研究开发投入占国内生产总值的比重提高到 2.5% 以上，力争科技进步贡献率达到 60% 以上，对外技术依存度降低到 30% 以下，本国人发明专利年度授权量和国际科学论文被引用数均进入世界前 5 位"的目标；同时高度关注人才建设问题，提出要"加快培养造就一批具有世界前沿水平的高级专家"，"充分发挥教育在创新人才培养中的重要作用"，"支持企业培养和吸引科技人才"，"加大吸引留学和海外高层次人才工作力度"，"构建有利于创新人才成长的文化环境"；还提出要大幅增加科技投入，加强科技基础条件平台建设，"建立多元化、多渠道的科技投入体系"，"调整和优化投入结构，提高科技经费使用效益"，"加强科技基础条件平台建设"，"建立科技基础条件平台的共享机制"。

《规划纲要》及其配套政策和实施细则对影响国计民生的重点领域及其优先主题进行布局和长远规划，为解决社会经济生活中面临的实际问题，促进经济全面健康持续发展提供强有力的支撑。重点领域及其优先主题涉及服务创新相关活动，如智能交通管理系统、现代服务业信息支撑技术及大型应用软件、下一代网络关键技术与服务、传感器网络及智能信息处理、数字媒体内容平台、城镇区域规划与动态监测等。其主要目的是通过增加研发投入和增强技术消化吸收能力，增强国家的技术创新能力，较少涉及制造业企业的服务创新活动。这点从《规划纲要》配套政策上也能得到体现，因为大部分的税收激励措施仅关注技术创新及相关企业。

（2）《国民经济和社会发展第十一个五年规划纲要》及其相关政策

《国民经济和社会发展第十一个五年规划纲要》也高度强调服务创新活动，尤其是有高技术内涵的生产性服务和消费性服务活动，提出以信息化改造制造业的目标，重点关注生产设备、生产过程和企业管理环节，通过信息技术及相关产品的广泛应用，推动制造业研发设计、生产制造、物流库存和市场营销的信息化，促进整个制造业的变革。此规划纲要明确指出，"坚持以信息化带动工业化，以工业化促进信息化，提高经济社会信息化水平"，"大力发展主要面向生产者的服务业，细化深化专业化分工，降低社会交易成本，提高资源配置效率"，"适应居民消费结构升级趋势，继续发展主要面向消费者的服务业，扩大短缺服务产品供给，满足多样化的服务需求"，并选择交通运输、物流、金融服务、信息服务、商业服务等作为推动国民经济和社会发展的重点产业。该规划纲要还提出要实施科教兴国战略和人才强国战略，加快科学技术创新和跨越，优先发展教育，并大力推进人才强国战略。然而，"十一五"规划关注的焦点仍然是企业的技术创新活动，如在自主创新中主要强调基础研究、尖端技术研究和公益技术研究，加强企业技术创新主体地位，推动"以企业为主体、市场为导向、产学研相结合的技术创新体系"建设，对制造业的服务创新活动关注较少。

（3）中小企业政策

促进创新活动开展和顺利进行的中小企业政策，不仅涉及技术创新活动，也涉及服务创新活动。然而，我国中小企业相关政策主要关注制造业企业中的技术创新活动，较少关注制造业企业的服务创新活动。

2002 年，第九届全国人民代表大会常务委员会第二十八次会议通过了《中小企业促进法》，以改善中小企业生存环境、推动中小企业健康快速持续发展、充分发挥中小企业在扩大就业和国民经济发展中的重要作用。《中小企业促进法》共有 5 个主题，包括资金支持、产业扶持、技术创新、市场开拓和社会服务，分别从资金、财税、平台建设，以及消除体制性障碍等方面提出相应扶持措施，推动中小企业的健康发展。然而，《中小企业促进法》仅关注技术创新活动，如提出要在中央财政预算中设立中小企业科目，安排扶持中小企业发展专项资金，该专项资金涉及的创新活动仅限于技术创新，并大力鼓励中小企业的技术开发活动，为中小企业技术创新项目及为大企业产品配套的技术改造项目提供贷款贴息。此外，作为《规划纲要》配套政策实施细则，《关于支持中小企业技术创新若干政策》也提出要激励企业自主创新、加强融资对技术创新的支持、建立技术创新服务体系、健全保障措施等政策抓手来促进企业技术创新的发展，完全不涉及服务创新及其相关活动。

（4）加快发展服务业相关政策

近年来，我国十分注重服务业的发展，相关政策相继出台，以促进创新活动在服务业的开展，同时推动我国服务业，尤其是知识密集型现代服务业的健康快速发展。2007年，《国务院关于加快发展服务业的若干意见》颁布实施，旨在通过服务业的良性健康发展，优化调整产业结构、转变经济增长方式。该意见提出，优化服务业发展结构，促进现代服务业和制造业的融合发展，培育新的服务业增长点；科学调整服务业发展布局，建立优势互补的服务业发展格局；积极发展农村服务业，以繁荣农村经济，推进社会主义新农村建设；提高服务业对外开放水平，培育具有国际竞争能力的服务企业；推进服务领域改革，引入竞争机制，建立公开平等规范的服务准入制度；加大投入和政策扶持力度；优化服务业发展环境等。为确保该意见顺利实施，国务院又出台《关于加快发展服务业若干政策措施的实施意见》，提出加强规划和产业政策引导、深化服务领域改革、提高服务领域对外开放水平、大力培育服务领域领军企业和知名品牌、加大服务领域资金投入力度、优化服务业发展的政策环境、加强服务业基础工作等具体措施，以推动服务业快速健康发展。

然而，这些政策措施主要关注服务业尤其是现代服务业的发展，而不是服务创新活动的开展和顺利进行，涉及的创新活动也主要是技术创新活动。例如，《关于加快发展服务业若干政策措施的实施意见》中提出，要鼓励服务领域技术创新，要求"科技部要会同有关部门认真落实国家中长期科学和技术发展规划纲要，抓好现代服务业共性技术研究开发与应用示范重大项目。充分发挥国家相关产业化基地的作用，建立一批研发设计、信息咨询、产品测试等公共服务平台，建设一批技术研发中心和中介服务机构。对服务领域重大技术引进项目及相关的技术改造提供贷款贴息支持，对引进项目的消化吸收再创新活动提供研发资助，在政府采购中优先支持采用国内自主开发的软件等信息服务，进一步扩大创业风险投资试点范围。探索开展知识产权质押融资，引导和鼓励社会资本投入知识产权交易活动，符合规定的可以享受创业投资机构的有关优惠政策。"①

7.1.2　我国制造业企业服务创新政策问题

虽然我国目前的创新政策已经涉及企业的服务创新活动，但创新政策仍然主要关注制造业企业的技术创新活动。我国还未建立起完善的服务创新活动评

---

① 国务院办公厅. 国务院办公厅关于加快发展服务业若干政策措施的实施意见. 国办发〔2008〕11号[EB/OL].（2008-03-13）[2009-12-30].http://www.gov.cn/gonbao/content/2008/content_946052.htm.

估监控体系，缺少有效的研发政策和税收激励政策对服务创新活动进行激励和扶持，知识产权政策也未能全面覆盖服务创新活动，并缺乏有效推进制造业企业服务创新成果商业化的相关政策。

（1）评估监控体系

在我国，制造业企业服务创新活动的评估监控体系还没有系统建立，难以对我国制造业企业服务创新活动进行深入了解和有效监控。欧洲是世界上最早开展服务创新评估监控活动的地区，开展了大量有关服务创新活动的大规模问卷调查，如社区创新调研（Community Innovation Survey，CIS）、"创新中的服务，服务中的创新（Services in Innovation，Innovation in Services，SI4S）"，以及欧洲制造业创新调查（European Manufacturing Survey，EMS）等。此外，韩国等亚洲国家也开展了服务创新相关调查研究，如韩国创新调查（Korean Innovation Survey）[①] 等。同时，欧盟创新监控网络体系较好地整合融入，旨在推动服务创新的相关政策，以更好地支持欧盟对服务创新活动的研究和相关政策的制定。

社区创新调查（CIS1）始于 1993 年，是企业层面的大规模问卷调查活动，旨在揭示创新活动包括服务创新活动内部的"黑箱（black box）"，深入分析探讨创新活动过程。社区创新调查每 4 年举行一次，调查涉及欧洲大部分国家的企业，如德国、英国、法国、意大利、挪威等。最近的一次社区创新调查（CIS2006）始于 2006 年，在保加利亚、罗马尼亚、冰岛、挪威、克罗地亚和土耳其等多个国家开展。调查涵盖所有的工业领域，包括采矿采石业（NACE 10–14）、制造业（NACE 15–37）、电力、燃气及水的生产和供应业（NACE 40–41）、批发业（NACE 51）、交通运输、仓储和邮政业（NACE 60–64）、金融业（NACE 65–67）、计算机及其相关活动（NACE 72）、建筑和工程活动（NACE 74.2）、技术测试和分析（NACE 74.3）。为便于国际比较，从第三次社区创新调查开始，引入标准化问卷。问卷涵盖不同类型的创新活动，包括创新源泉、创新阻碍、创新支出、创新合作、保护方法、创新效果等；不仅涉及技术创新活动，也涉及工艺创新、组织创新和服务创新活动。基于社区创新调查，欧盟发布了重要的创新监测报告——欧洲创新记分板（European

---

① 来源：http://www.stepi.re.kr/eng/。

Innovation Scoreboard）。

　　除了调查研究，欧盟还建立了与服务创新相关的政策监控网络，并将其有机融入欧洲整个创新框架中去，如 PRO INNO Europe 和 ERAWATCH 等。PRO INNO Europe 是欧洲著名的政策监测网络，由欧洲委员会下的企业与工业理事会发起，主要关注欧洲的创新政策分析和发展，旨在打造政策平台，以便全面分析欧洲的创新绩效和创新政策，并推动欧洲乃至世界层面创新合作活动的开展。总的来说，PRO INNO Europe 有政策分析、政策学习和政策发展 3 个主要职能，采用 INNO–Metrics、INNO–Policy Trendchart、INNO–Appraisal 和 INNO–Grips 4 种工具进行政策分析。INNO–Metrics 主要关注创新绩效标杆（benchmarking of innovation performance），INNO–Policy Trendchart 重在分析创新政策的发展趋势，INNO–Appraisal 意在评价创新项目绩效及其影响，INNO–Grips 主要关注世界范围内创新政策和商业创新的知识汇集。政策学习使用 INNO–Views 和 INNO–Learing Platform 两大工具，INNO–Views 为政府、产业界和学术界有关创新政策的沟通交流提供平台，INNO–Learing Platform 则通过创新政策的学习推动欧洲政府的国际合作。政策发展采用 INNO–Nets 和 INNO–Actions 两个工具，前者用于推动创新政策的国际合作，后者通过前期投入、技术转移建立创新社会、知识产权保护、开放国际市场等方式，为联合创新行动提供激励和支持。PRO INNO Europe 已经成为欧洲创新政策研究和政策发展的重要工具。

　　我国还没有建立起服务创新的评估监控体系，服务创新的统计监测活动刚刚开始启动。我国目前在批发和零售业、住宿和餐饮业及金融服务业建立了常规统计体系，而这一体系在其他 12 个服务行业如交通运输业等还不完善。服务创新统计工作还存在较多问题。首先，统计覆盖范围较小，仅能包括十分有限的内容，还缺少反映服务创新过程、服务创新机制、服务创新来源、服务创新障碍，以及服务创新保护方法等的指标。其次，服务创新统计指标缺乏系统性和标准性，一些指标的名称和定义不够清晰，并可能存在一些误解和错误。例如，技术依存度指标就没有明确的定义，并且也没有学术界公认的计算方法。最后，服务创新的统计基础还不稳固，统计数据滞后。通常服务产业的统计数据比制造业数据相对滞后一个较长周期，这不仅是由于服务创新统计体系还不完善，还因为服务创新活动相对复杂。统计基础的薄弱还带来服务业统计数据相对被低估的问题，如第一次经济普查表明，93%的新增GDP来自服务行业[①]。此外，迄今为止我国还没有建立直接反映服务创新活动的统计监控指标体系，国内开展的大规模科技调研活动也主要关注研究开发活动而不是创新活动，更少涉及服务创新活动相关信息和数据。

系统化统计体系的缺失，导致我国无法建立有效的服务创新评估监控网络。迄今为止，我们还未建立起完善服务的创新政策网络。政策评估监控网络的缺失，导致不同服务创新政策工具间协调沟通难以进行，政府部门间的协作和配合无法有效开展。例如，国家颁布了一系列《国家中长期科学和技术发展规划纲要》配套政策实施细则，但由于缺乏政策评估监控网络，无法对这些政策工具的执行和效果进行有效的协调和控制。因此造成部分政策工具相互冲突无法得到有效实施，尽管它们拥有共同的出发点和目标。因此，为更好地促进服务创新活动的开展，我国应该建立高效完善的服务创新评估监控网络，从而更好地指导和促进服务创新活动的开展。

（2）研发政策和税收激励

研发政策和税收激励是创新政策的重要组成部分。虽然我国相继颁布大量相关政策，通过税收减免等措施，鼓励研究开发投入和创新活动的开展，但这些政策仍然主要关注技术创新活动，较少覆盖制造业企业的服务创新活动，并且某些创新政策中的条款不能完全适合服务创新活动（Jeremy Howells et al.，2004；Hipp et al.，2005）。此外，研究开发活动对服务创新的作用还不明确，并且现行的研究开发活动的定义也不能完全适用于服务创新活动（Cunningham，2006）。

发达国家已经制定不同类型的研发政策和税收激励措施，以促进企业尤其是中小企业研究开发和创新活动的开展。虽然发达国家创新政策目标中立，覆盖技术创新和服务创新活动，但与服务创新活动相比，这些政策在技术创新活动中更易得到贯彻和执行。CIS2006调研结果表明，参与公共创新项目的服务企业远少于制造企业，这也从一定程度上反映了创新政策更偏重于技术创新，如图7-2所示。例如在希腊，近25%的创新型制造企业获得公共资助,而仅有13%的创新型服务企业获得公共资助。仅在波兰，

---

① 中国要闻.抓住服务业、能源资源统计两难点搞好普查［EB/OL］.（2008-05-13）［2009-12-30］.http://www.gov.cn/jrzg/2008-05/13/content_970474.htm.

获得公共资助的创新型服务企业比例高于制造企业，两者比例分别为 4.9%
和 4.3%。

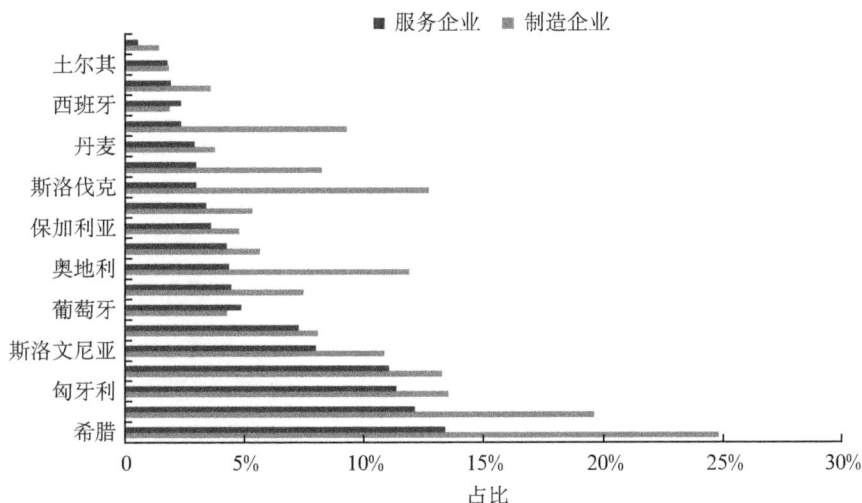

图 7-2 获得公共资助的创新企业比例

（资料来源：CIS 2006）

　　我国现行研发政策和税收激励面临同样的问题。例如，在《国家中长期科学和技术发展规划纲要》指导下，我国已经出台若干研发政策和税收激励举措，如《关于企业技术创新有关企业所得税优惠政策的通知》和《关于促进创业投资企业发展有关税收政策的通知》等。但是，这些研发政策和税收激励举措仅适用于技术创新相关活动，制造业企业开展的服务创新活动完全无法享受相关政策优惠。

　　《关于企业技术创新有关企业所得税优惠政策的通知》[①]仅关注高技术初创企业的技术创新活动，提出"自获利年度起两年内免征企业所得税，免税期满后减按 15% 的税率征收企业所得税"；税收减免主要涉及技术发展费用、培训费用和加速折旧，只有"在一个纳税年度实际发生的下列技术开发费项目，包括新产品设计费，工艺规程制定费，设备调整费，原材料和半成品的试制费，技术图书资料费，未纳入国家计划的中间实验费，研究机构人员的工资，用于研究开发的仪器、设备的折旧，委托其他单位和个人进行科研试制的费用，与

———————————

① 来源：http://www.gov.cn/ztzl/kjfzgh/content_883715.htm。

新产品的试制和技术研究直接相关的其他费用"能够"在按规定实行 100% 扣除基础上，允许再按当年实际发生额的 50% 在企业所得税税前加计扣除"。培训费用部分，"对企业当年提取并实际使用的职工教育经费，在不超过计税工资总额 2.5% 以内的部分"可以享受税收减免。加速折旧的标准如下：①企业用于研究开发的仪器和设备，单位价值在 30 万元以下的，可一次或分次计入成本费用，在企业所得税税前扣除，其中达到固定资产标准的应单独管理，不再提取折旧；②企业用于研究开发的仪器和设备，单位价值在 30 万元以上的，允许其采取双倍余额递减法或年数总和法实行加速折旧，具体折旧方法一经确定，不得随意变更；③前两款所述仪器和设备，是指 2006 年 1 月 1 日以后企业新购进的用于研究开发的仪器和设备。

《关于促进创业投资企业发展有关税收政策的通知》[1]指出，"创业投资企业申请投资抵扣应纳税所得额时，所投资的中小高新技术企业当年用于高新技术及其产品研究开发经费须占本企业销售额的 5% 以上（含 5%），技术性收入与高新技术产品销售收入的合计须占本企业当年总收入的 60% 以上（含 60%）"。这意味着研究开发投入占创新支出比重相对较小的服务创新活动，很难享受到该项优惠措施。

（3）知识产权保护

服务创新的知识产权保护手段在国际上仍存在较多争议，如是否能够对软件和商业方法授予专利等。虽然与软件相关的服务创新仅是整个服务创新活动中的一部分，但软件和信息通信技术影响甚至重塑了制造业企业服务创新活动，因此有关软件和商业方法的知识产权战略需要得到较多关注。对服务创新活动来说，能否授予专利的界限十分重要，对于是否授予软件和商业方法专利的争论已经延续了几十年，并且迄今为止还没有定论。我国针对制造业企业服务创新成果也存在相关问题。

软件专利和商业方法专利的支持者主要从披露需求、专利法现状和发展需求 3 个角度进行考虑。第一，所有专利必须公开披露相关信息，这样有利于先进科学技术的传播交流以推动科技、经济、社会的发展。如果软件专利和商业方法专利获得授权，全社会都能够从专利信息披露中获益。还可以避免重复研

---

[1] 来源：http://www.gov.cn/ztzl/kjfzgh/content_883722.htm。

究，以减少不必要的物质和人力资源投入，从而促使资源在全社会达到优化配置。此外，软件专利和商业方法专利的信息披露，为相关领域的后续发展提供了大量信息和知识。第二，按照现有专利制度，所有技术领域的发明创造都应该得到保护。《与贸易有关的知识产权协定》第 27 条规定，"专利应适用于所有技术领域中的任何发明，无论它是产品还是方法，只要它具有新颖性、创造性和工业实用性即可。……专利的获得与专利权的行使不得因发明的地点、技术的领域，以及产品是进口的还是本地制造的而受到歧视。[①]"因此，任何形式的对软件和商业方法专利可授权性的反对，意味着对某种技术领域的歧视。此外，软件专利和商业方法专利不仅加快了科学技术领域的发展进程，也带来巨大的社会效益和经济效益。这些领域专利的可授权性，确保了企业相关投入的经济收益，从而推动和促进后续研究开发活动的开展和全社会科学技术的进步。例如，IBM 通过所拥有的 1800 项专利，每年获得超过 10 亿美元的许可收入[②]。

软件专利和商业方法专利的反对者声称，对软件和商业方法授予专利会为企业带来较高的知识产权成本支出，这不利于企业的研发投入。判断一项软件能否授予专利，需要花费大量的时间和金钱进行侵权检索。并且，如果一项软件专利涉及标准问题，所有后续开发者必须对该项专利所有人支付许可费。现已经存在著作权等知识产权方法，能够对软件进行有效保护。与专利相比，著作权花费较少，企业可以投入更多的资金用于研究开发活动。此外，在某种情况下，对软件授予专利等于对数学算法等新思想和新概念授权，这将极大阻碍基于这些新思想和新概念开展的后续研究，也在一定程度上阻碍了经济的发展和社会的进步。

当前，一些国家如美国和日本等对软件授予专利，美国还引入商业方法专利以保护基于信息通信相关技术的新商业运营模式。然而，当前欧洲仍然将软件排除在专利授权保护体制之外。目前我国也未对软件进行专利保护，仅根据《著作权法》和《计算机软件保护条例（2001）》，对软件进行著作权保护。只有软件发明跟硬件发明相结合，才可以作为独立产品申请专利，单纯软件只能进行软件著作权登记。

---

① 来源：http://www.sipo.gov.cn/sipo2008/zcfg/flfg/qt/gjty/200804/t20080403_369216.html。

② 来源：JOHN M. The patentability of software in the U.S. and Europe。

除了对软件和商业方法能否授予专利的争论，对制造业企业服务创新成果来说，还有一个重要的知识产权保护方法，即商业秘密。目前，国际上对商业秘密也缺乏明确有效的保护措施，《与贸易有关的知识产权协定》（第39条[①]）仅简要指出各成员国要保护尚未披露的信息。北美自由贸易协定（NAFTA）第1711条[②]指出，各方应提供合法途径保护个人的商业秘密在未经所有人同意的情况下，不被他人披露、获得和使用。在美国，虽然已经有商业秘密法案（Uniform Trade Secrets Act）对商业秘密进行有效保护，但仅被美国46个州采用。

然而，我国还没有设立商业秘密保护法，对商业秘密的保护还缺乏有效渠道。我国没有法律制度专门保护与服务创新相关的商业秘密，但1993年颁布的《反不正当竞争法》[③]，涉及商业秘密保护相关规定："经营者不得采用下列手段侵犯商业秘密：（一）以盗窃、利诱、胁迫或者其他不正当手段获取权利人的商业秘密；（二）披露、使用或者允许他人使用以前项手段获取的权利人的商业秘密；（三）违反约定或者违反权利人有关保守商业秘密的要求，披露、使用或者允许他人使用其所掌握的商业秘密。第三人明知或者应知前款所列违法行为，获取、使用或者披露他人的商业秘密，视为侵犯商业秘密。本条所称的商业秘密，是指不为公众所知悉、能为权利人带来经济利益、具有实用性并经权利人采取保密措施的技术信息和经营信息。"然而，个人或组织的商业秘密一旦受到侵害，很难根据《反不正当竞争法》进行侵权申诉。一方面是因为侵权较难界定；另一方面是因为我国目前缺乏有效的司法和行政管理手段对侵权行为做出处罚及对商业秘密所有人进行损害赔偿。因此，当前我国有关服务创新的知识产权保护手段还不完善，难以通过有效保护对服务创新产生切实激励。我国应该花大力气关注在国际和本国形势下我国知识产权的立法活动，注重对服务创新的知识产权保护。

（4）领先市场战略

领先市场战略是欧盟创新网络建设中的关键一环。尤其在德国，领先市场战略已经成为国家创新战略的重要组成部分。领先市场已经成为建立创新型社

---

① 来源：http://www.sipo.gov.cn/sipo2008/zcfg/flfg/qt/gjty/200804/t20080403_369216.html。

② 来源：http://www.nafta-sec-alena.org/en/view.aspx？x=343&mtpiID=149#A1711。

③ 来源：http://www.saic.gov.cn/zcfg/fl/199309/t19930902_45760.html.

会的重要手段，并且获得政策研究和制定者越来越多的关注，欧洲自 2006 年起开展一系列创新行动计划[①]，旨在推动欧洲的创新型国家建设。

领先市场是特定先进技术和创新产品的商业化场所，极大地促进相关技术和产品的国际扩散。德国联邦教育研究部（German Federal Ministry of Education and Research，2002）将领先市场定义为"早于其他市场（国家）使用某项创新的特定设计的区域市场，该市场的某项特质（领先市场因素）极大地增强了该项创新设计最终被其他国家接受的可能性。"欧洲委员会（2007）将领先市场定义为"特定地域范围内一项产品或服务的市场，国际成功的创新成果（技术或非技术创新成果）首次在该市场开展扩散活动，并通过一系列相关服务促进该项扩散活动的持续进行和延伸。"领先市场有效消除技术创造和创新成果商业化之间的鸿沟，同时通过识别影响创新政策的全球因素，提供连接基础科学研究成果和市场导向新技术应用的新方法（欧洲委员会，2007）。

领先市场战略表现出四大重要特征。首先，领先市场强调规模经济和能力，能够对带来巨大经济效益和社会效益的市场需求做出反应。首次发明或首次应用并不能确保领先市场的出现，一定经济规模下的广泛扩散和大量新增价值的出现，才是领先市场建立的关键。其次，识别需求的能力远比在市场上较早采用一项新技术或新概念重要。领先市场成功发展的重要前提是满足现有客户需求而不是试图创造新的市场。从某种意义上来说，领先市场强调在给定市场上，某项特定创新活动的需求方而不是技术供给方。这意味着领先市场重点关注生产适宜产品满足未被满足的市场需求，而不是主要关注新技术和新产品的创新发展以探索并创建新的市场需求。再次，对领先市场的建立来说，市场开放度也十分重要，这意味着一个技术上相对落后，但拥有较为开放的市场的国家，完全有可能追赶并领先创新者。因此，开放的创新环境对领先市场的建立也十分重要，这在一定程度上决定了领先市场能否成功建立。最后，国际扩散能力也是影响领先市场建立的重要因素。如果其他国家都对某项创新设计持中立或怀疑态度，这项创新设计的国际扩散将会失败，将不能成功发展该项产品的领先市场。

领先市场的上述特征符合制造业企业的服务创新特性，表明我们可以采用

---

① 例如，欧洲领先市场计划。

领先市场战略来促进服务创新的发展。首先，与工艺创新和组织创新等其他类型的服务创新活动不同，广泛扩散的时效性和大量新价值创造对服务创新活动来说尤其重要。在一项制造产品创新成果商业化之前，我们可以通过专利对新技术进行长期保护，该项制造产品也能够以有形产品的形式在仓库存储，因此产品的商业化能够在一个较长时间内进行。而对具有无形内核的服务创新活动如新的服务概念和新的商业方法模式来说，如果无法在较短时间内成功商业化，将会很快过时或被其他企业抢占先机。对于技术创新来说，研究开发相关人员和资金投入可以创造出完全不被当前市场所接受的前沿技术，并通过缓慢的商业化扩散活动，逐步创建新的市场。然而，服务创新活动由于其时效性特征，无法通过这种形式获得成功。而领先市场所倡导的满足当前客户还未被满足的需求，而不是试图创造新的需求和新的市场的理念，符合服务创新的发展特征，能够极大地促进服务创新活动的发展。此外，领先市场战略中高度强调的市场开放度和国际扩散能力，也对服务创新活动的成功开展发挥着重要的作用。领先市场战略有助于创新友好型环境的建立，同时增强了本国创新成果的国际化能力，这都极大地推动了服务创新在国内外市场商业化活动的成功开展。

领先市场战略涉及两大政策工具，分别是政府采购政策和规制。对于服务创新活动尤其是面临高风险和极大不确定性的服务创新活动来说，在领先市场战略早期，政府采购是推动其顺利进行的有效手段。政府采购能够极大降低服务创新活动面临的风险和不确定性，促进创新的顺利开展及该项创新产品领先市场的形成。在欧洲，政府采购支出大概占其GDP的16%左右。欧洲委员会还指出，考虑到对领先市场战略的支持，政府采购政策应重点关注创新进程和创新活动的多维度发展，而不是将注意力集中在特定的技术、产品和服务上。这一方面有助于避免技术锁定和路径依赖的出现；另一方面也有助于推动非技术的服务创新活动的开展。适宜的政府采购政策，不仅促进创新性新思维的多样化发展和服务创新活动的开展，也在一定程度上增强了领先市场的国内和国际扩散能力。

此外，有着明确目标和适宜标准的规制，有利于增强企业的创新投资，并加速市场上客户对新产品和新服务的接受进程。这一观念已经在制造产品创新活动中得到证实。一个著名的例子就是汽车工业的排放标准。2008年，欧洲颁布了一系列包括欧4在内的排放标准，这一方面强制汽车工业的产业升级和创新以满足新的排放标准；另一方面强制市场上客户接受该项创新成果，同时推动促进其在国际市场的扩散和传播。对领先市场战略来说，规制的制定和运用要立足于国家层面甚至国际层面，而不是仅针对单一的领先市场。这意味着需要采用具有一致性、广泛性和协调性的行动，以识别新产品和新服务的发展趋势，调整企业行为以满足领先市场需求。

　　然而，我国还未将领先市场战略纳入创新政策框架中，并且领先市场战略两大政策工具——政府采购政策和规制还不完善，还存在政策缺失等问题。1993 年以来，我国颁布了一系列政府采购相关政策和法律制度，旨在降低市场风险和不确定性，推动自主创新活动的开展。例如，《国家中长期科学和技术发展规划纲要》及其配套政策和实施细则高度强调政府采购对自主创新的推动作用，提出"建立政府采购自主创新产品协调机制。对国内企业开发的具有自主知识产权的重要高新技术装备和产品，政府实施首购政策。对企业采购国产高新技术设备提供政策支持。通过政府采购，支持形成技术标准。"然而我国政府采购相关政策均为单一产品导向，仅关注政府采购目录中有限的自主创新产品。《国家中长期科学和技术发展规划纲要》也主要关注技术创新和新技术发展，并选择有限的前沿技术领域进行重点扶持和发展。缺乏产品和服务多样化导向的创新政策，创新出现锁定和路径依赖，有悖于领先市场战略培植适宜环境促进产品和技术多样化发展的目的。我国政府采购政策中创新产品的评估评价体系还未完全建立，评价机制还不明确，未能分析这些产品对我国自主创新能力建设的长期影响。此外，政府采购政策过分关注新产品新服务的成本和质量因素，如"在满足采购需求、质量和服务相等的情况下，自主创新产品报价不高于一般产品当次报价的最低报价 5% ～ 10% 的，应当确定自主创新产品供应商为成交供应商。"这将导致市场陷入质量和成本节约型发展模式，有可能阻碍服务创新的发展和领先市场的形成。

　　我国在规制方面也存在部分问题，不利于促进服务创新的领先市场战略的发展。首先，我国规制较少对企业的创新活动进行规范和调整。例如，《政府采购法》旨在规范政府采购活动，而较少强调对创新产品的扶持。其次，部分规制过分严格地限制了某些特定领域的市场准入，如信息通信服务和民用航空服务领域。这些局限极大地阻碍了多样化服务创新活动的开展，同时也在一定程度上影响了创新扩散进程和领先市场的发展。

当前，欧洲委员会重点关注 6 个领域的领先市场建设，包括电子健康（eHealth）、防护型纺织（protective textile）、可持续建筑（sustainable construction）、环保回收（recycling）、生物产品（bio-based products），以及可再生能源（renewable energies）领域。然而，这些领域主要为技术导向，并未将服务创新及其相关活动作为重点关注对象。这对中国来说是巨大的发展机遇。我国应该抓住制造业企业服务创新发展契机，明确服务创新领先市场建设目标，辅以适宜的政策工具，以推动我国产业升级代换和资源节约型高附加值产业建设，促进我国社会经济的长远健康可持续发展。

7.2 我国制造业企业服务创新政策思路

制造业企业服务创新政策研究处于初始阶段，研究主要集中在如何引导创新制定者将关注点放在服务创新活动上（Ark，2003；Bloch et al.，2008；Rubalcaba，2006，2007；Kuusisto，2008），并简要介绍了服务创新政策研究框架和研究方法。目前，还没有系统的服务创新政策研究框架。基于第三章制造业企业服务创新过程研究，本节对制造业企业服务创新活动各个环节的政策需求进行深入分析，提出增强我国制造业企业服务创新的政策思路。

制造业企业服务创新活动的运行过程，包括服务创新构思的产生阶段、设计研发生产阶段，以及服务创新成果的扩散和商业化阶段等 3 个环节。为便于研究分析，这里简化了服务创新活动的反馈路径及外部宏观环境的影响。在不同阶段，制造业企业服务创新活动需要不同类型的政策支持。因此，制造业企业的服务创新政策需求，要根据服务创新活动所处的不同阶段进行具体分析探讨，如图 7-3 所示。虽然不同阶段政策需求重点不同，但政策需求也存在一定交叉和重叠。

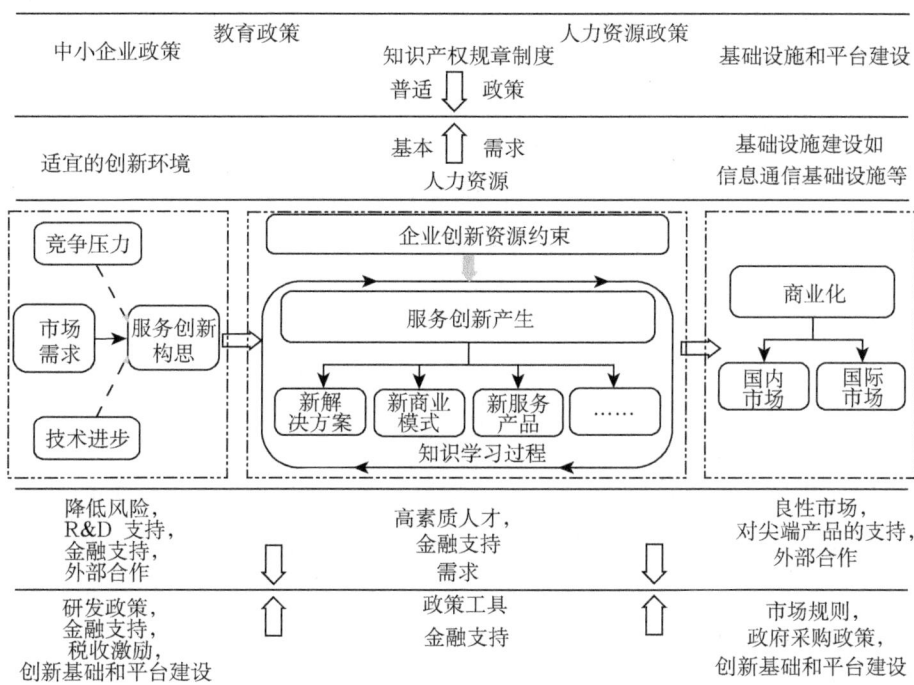

图 7-3　服务创新政策需求分析

　　制造业企业服务创新活动的顺利开展和成功实现，需要适宜的创新环境、充足的人力资源，以及 ICT 等基础设施的支持。旨在推进创新及其相关活动开展的中小企业政策，对制造业企业服务创新活动的外部创新环境建设发挥着巨大的作用。而旨在培养创新人才的教育政策和人才政策等，能够为制造业企业的服务创新活动提供大量高素质的创新人才。此外，创新基础设施建设如电子社区建设和 ICT 基础设施推广等创新基地与平台建设等相关政策工具，促进制造业企业服务创新活动的顺利进行，发挥重要的基础作用。

　　制造业企业服务创新活动构思产生时期，制造业企业的服务创新活动面临极大的不确定性、市场风险、研发风险和融资风险，极大地阻碍服务创新的开展。这一时期，制造业企业服务创新政策需求主要围绕规避风险、研发支持、金融资金支持，以及外部合作等，以降低创新风险和不确定性，并获得必要的支持信息。企业需要良好的创新政策，以消除或降低创新的风险和不确定性，同时获得研发政策、税收激励、金融支持等。此外，创新基础和平台建设能够为制造业企业服务创新活动提供有效的创新网络，以促进相关信息流动，降低服务创新活动的不确定性。

在服务创新设计研发生产阶段，绝大多数活动在制造业企业内部展开。在这一时期，人力资源显得尤为重要，高素质人才通过研发设计等活动，将第一阶段产生的服务创新构想直接转变为现实的服务创新成果。因此，这一阶段制造业企业服务创新活动的政策需求主要围绕人才政策展开。此外，对企业服务创新活动的金融支持也很重要，以确保新服务产品和商业模式等创新成果的设计、研发和生产活动的顺利进行。因此，这一阶段的政策主要包括人力资源和教育等相关政策，以及金融支持等政策工具。

在制造业企业服务创新活动的扩散和商业化阶段，渠道、营销、推广活动是这一时期服务创新的主要活动。这一阶段最重要的政策需求为健康的市场环境和充足的市场信息。对某些行业来说，健康的市场意味着放宽市场准入，允许更多的企业尤其是民营企业参与该领域的市场竞争；而对另一些行业来说，健康的市场意味着通过政府采购，对不为公众所熟知但具有巨大社会效益和经济效益的服务创新尖端成果商业化进行支持和扶植。此外，在这一阶段企业还需与市场和客户密切联系，从而获得市场需求和客户偏好等相关信息。这些信息不仅决定着制造业企业服务创新成果的扩散和成功商业化，也对企业后续服务创新行为产生重要影响。这一阶段，企业的相关政策需求主要是规范市场行为、营造健康市场环境的市场规则、出台扶植服务创新尖端成果商业化的政府采购政策，以及联系企业和市场的创新基础和平台建设等相关政策工具。

7.3 增强制造业企业服务创新相关政策建议

（1）建立健全统计制度和评估监控体系

尽快建立制造业企业服务创新统计制度和评估监控体系，完善服务创新相关统计指标，明确指标定义和测度方法，在国家层面和行业层面开展服务创新大规模调查和普查工作，构建和完善服务创新统计信息数据库，全面掌握我国制造业企业服务创新活动基本情况，深入了解我国服务创新活动进展，在此基础上对制造业企业服务创新活动进行长期有效监控，及时发现制造业企业服务创新中的问题。

在国家创新体系下建立并完善服务创新政策监控网络，监控其他国家服务创新相关政策动向，分析国际上服务创新政策发展趋势，借鉴各国促进服务创新的先进经验；建立服务创新政策平台，促进政府、产业界和学术界的沟通交流；建立服务创新政策与其他政策协调机制，消除不同政策冲突，确保政策有效实施；建立服务创新政策评估机制，评估并修正现行政策，更好地指导制造业企业服务创新活动的开展。

（2）扩大研发税收政策覆盖范围

鼓励制造业企业开展服务创新活动，积极鼓励和支持低端竞争的制造业企业服务转型，促进服务创新成果商业化，以生产更多高附加值产品。扩大税收优惠政策的抵扣范围，将企业服务创新相关投入的税前扣除等纳入税收优惠政策范围，将知识密集型服务业纳入高新技术企业发展的税收优惠范围，对企业用于服务创新活动购买的仪器设备给予税收优惠，覆盖企业服务创新活动。开展自主知识产权服务创新产品认定，对经过认定的自主知识产权服务创新产品按照其增值税率标准实行全额退税。鼓励金融机构对制造业企业尤其是中小制造业企业服务创新活动予以扶持，按照国家产业政策和信贷原则，积极提供信贷支持，并设立服务创新专项资金予以贴息补助。将中小制造业企业服务创新项目纳入贷款贴息政策的优惠服务。

（3）完善服务创新知识产权制度建设

加强制造业企业服务创新知识产权保护，将商业方法专利纳入我国专利保护体系；建立服务创新专利审查机构，降低制造业企业服务创新自主知识产权法律状态的不确定性；建立服务创新知识产权服务制度，帮助制造业企业、大学和科研机构建立知识产权管理部门，为企业服务创新提供专门的知识产权信息服务；防止知识产权滥用对正常市场竞争机制造成不正当限制，阻碍科技创新和科技成果的推广应用；制定商业秘密法，明确侵权界定和赔偿责任，对服务创新进行有效保护。

（4）发展领先市场战略

培育服务创新产品领先市场，促进制造业产品升级代换。将领先市场战略纳入国家创新政策系统，引导制造业企业服务创新重点满足多样化市场需求，促进企业服务创新商业化的成功；扩大自主创新产品政府采购范围，重点关注特定领域而不是单一产品的发展；将制造业企业服务创新自主知识产权产品纳入自主创新产品政府采购目录，降低制造业企业服务创新市场风险和不确定性；

修改"在满足采购需求、质量和服务相等的情况下，自主创新产品报价不高于一般产品当次报价的最低报价5%～8%幅度不等的价格扣除"，给予制造业企业服务创新产品充分的价格发展空间，避免市场陷入质量和成本节约型发展模式。

打破行业垄断，放宽市场准入领域，建立公开、平等、规范的行业准入制度，鼓励社会资金投入服务创新活动；支持服务创新关键领域和新兴产业的发展，健全行业标准体系，推进服务创新标准化进程；把服务创新和知识密集型服务业放在优先发展位置，逐步形成以服务经济为主的产业结构；建立并完善有利于制造业企业服务创新活动的规制，调整市场上消费者和企业行为导向，加速市场对服务创新产品的接受进程，促进服务创新活动的成功开展。

（5）深化服务创新基础设施和创新平台建设

建立服务创新公共支持平台，鼓励、支持、引导中小制造业企业转变经营模式，大力开展服务创新活动；鼓励中介服务机构、行业协会和服务企业为中小企业提供服务创新相关信息、设计、研发、人才培养等服务，促进服务创新成果的商品化和产业化；建立大学、科研院所与制造业企业服务创新信息共享机制，支持制造业企业服务创新开展；引导中小制造业企业转变发展模式，提倡分工协作，积极参与服务创新价值链创造；加强信息技术基础设施建设，强化技术平台建设，更好地为企业服务创新服务。

（6）加强服务创新人才培养

培养具有服务创新意识和服务创新能力的各类人才，包括具有世界前沿水平的战略科学家、高级工程技术人才、学术带头人和中青年高级专家等拔尖人才；鼓励不同学科域的研究人员与企业员工联合承担服务创新相关课题研究，培养跨学科跨领域的复合型人才；建立并完善服务创新人才和服务创新团队数据库，加强服务创新人才跟踪服务，为服务创新人才建设提供有效信息支撑平台；完善资格认证体系，调动全社会力量开展服务创新职业资格培训和认证工作，为制造业企业服务创新活动的开展提供人才保障。

7.4 小结

本章首先分析我国制造业企业服务创新的政策环境，提出我国企业服务创新活动面临的具体政策问题，并介绍了部分发达国家促进企业开展服务创新活动的相关政策，在此基础上提出促进我国制造业企业服务创新的政策建议。

我国当前创新政策仍主要关注企业的技术创新活动，服务创新相关政策建设处于初始阶段，但创新政策十分关注我国现代服务业尤其是信息通信技术服务业的发展，在促进制造业企业服务创新活动的开展，以及制造业企业服务创新能力的提升方面发挥了一定的作用。然而，服务创新统计和评估监控体系还未在我国建立，并缺少激励企业服务创新活动的研发政策和税收政策，知识产权政策也未能全面覆盖服务创新活动。

德国、英国等发达国家纷纷出台相关政策，从不同角度促进服务创新活动的开展。通过对国际经验的分析归纳，结合我国服务创新政策现状和现存问题，本章认为，我国应建立健全统计制度和评估监控体系，扩大研发税收政策覆盖范围，完善服务创新知识产权制度建设，发展领先市场战略，深化服务创新基础设施和创新平台建设，加强服务创新人才培养等，以促进制造业企业服务创新活动的顺利进行。

第八章
主要结论及后续研究

8.1 主要结论

本书对制造业企业服务创新过程进行系统分析，识别影响制造业企业服务创新过程的关键因素，提出增强制造业企业服务创新的政策建议。论文主要研究结论包括以下几个方面。

①服务创新内涵。服务创新的核心内容为全新的或经过重大改进的无形服务，通常以新的服务或新的商业模式的形式在市场上出现，经过商业化过程直接创造新的客户价值。可以从两方面将服务创新与其他类型创新活动相区别：一是服务创新的无形性特征，这与制造产品创新有显著区别；二是服务创新可以通过商业化过程直接带来新的客户价值，这与工艺创新和组织创新有显著区别。

②制造业企业服务创新本质。制造业企业的服务创新过程，本质上是制造业企业超额利润的创造过程，以及市场上消费者剩余的实现过程。从制造业企业角度来看，服务创新活动将蕴含在创新物质资源中的价值转化为服务创新商品的价值，将员工的创造性劳动物化为服务创新商品的新价值，并能够以远高于该商品个别价值的价格将服务创新商品在市场上销售，使企业获得高于市场平均利润的超额利润；从消费者角度来看，制造业企业的服务创新过程是消费者潜在需求得到满足，并实现消费者剩余的客户价值创造过程。消费者依据自身需求和对市场上产品及服务的期望，对市场上现有商品（包括产品和服务）进行筛选，选择那些与客户期望价值相差最小的商品，完成购买行为，从而得到生理和心理上的满足感，并获得消费者剩余。

③制造业企业服务创新过程。制造业企业的服务创新呈现出核心内容的无形性、知识技术密集性、服务创新成果的难以保护性、品牌锁定性、时效性等

162

特征。这些特征决定了制造业企业的服务创新过程是需求拉动的创新活动。在技术进步和竞争压力驱动下，市场需求催生了企业服务创新构想。企业结合自身创新优势资源，在内部开展设计研发等相关活动，产生新解决方案、新商业模式、新服务产品等服务创新成果，并通过商业化活动在国内市场和国际市场销售。这个过程受到社会经济环境、技术环境和政策环境等因素的影响，并在企业内部形成知识学习过程，为服务创新活动的兴起和顺利进行提供必要的显性和隐性知识的同时，将这些知识系统化形成知识系统，以便更好地为企业创新和服务创新活动提供科学技术支持与保障。

④制造业企业服务创新过程影响因素。制造业企业服务创新过程的关键影响因素，涉及知识、技术、企业研发活动、战略、管理、客户需求、供应商、竞争对手等各方面，这些关键因素可以分为 4 个部分，包括市场因素、知识因素、战略与管理因素，以及知识天使。企业内部存在着知识学习机制，为服务创新活动的开展和顺利进行提供必要的知识技术系统。通过学习机制，制造业企业服务创新影响因素经历识别与学习、整合及重构，以及内化等发展演化过程，从而推动制造业企业服务创新活动不断向前发展。

⑤制造业企业服务转型路径。基于服务创新活动的制造业企业服务转型，是价值创造和价值流动的演化过程。制造业企业通过引入服务创新活动开展服务转型，促使价值流向企业内部以赚取高额利润，同时推动企业的长远发展。制造业企业的服务转型主要有 3 种典型路径。一是通过提供高附加值服务，实现从制造业向服务业的逐步转化；二是用服务代替制造产品，转向生产高附加值的服务产品；三是从提供产品转变为提供整体解决方案，全面开展服务转型。制造业企业服务化进程的路径选择，不仅受到企业自身情况和市场环境的制约，也受到外部经济社会宏观环境等因素的影响，这些因素互相交织，推动着制造业企业的服务转型。

⑥增强制造业企业服务创新相关政策研究。我国制造业企业服务创新政策环境还面临很多问题，如还没有建立完善的评估监控体系，研发政策、税收激励和知识产权保护较少覆盖服务创新活动等。因此，我国应尽快建立制造业企业服务创新统计制度和评估监控体系，扩大研发税收政策覆盖范围，完善服务创新知识产权制度建设，积极发展领先市场，深化服务创新基础设施和创新平台建设，并加强服务创新人才培养，以促进我国制造业企业服务创新活动的顺

利进行。

8.2 后续研究

本书从服务创新内涵入手，探讨制造业企业服务创新的本质，并基于制造业企业服务创新本质，对制造业企业服务创新过程、制造业企业服务转型，以及影响服务创新过程的关键因素进行深入分析探讨，最后针对我国当前制造业企业服务创新活动面临的政策问题提出相应政策建议，以促进我国制造业企业服务创新活动的开展。但文章也存在较多不足。

首先，本书仅对制造业企业服务创新活动进行初步研究，探讨了服务创新的本质、服务创新过程，以及影响服务创新的关键因素。但是，制造业企业服务创新研究还处于初步阶段，研究没有涉及制造业企业服务创新能力建设等相关问题，也没有建立较为明确的指标体系。其次，目前我国缺乏制造业企业服务创新相关数据，实证研究部分只能采用德国制造业企业服务创新相关数据，缺少对我国制造业企业服务创新整体情况的分析探讨。因此，在后续研究中，应针对我国制造业企业服务创新活动，建立制造业企业服务创新能力指标体系，采用大规模问卷调查与重点企业访谈相结合的方式，获得服务创新活动具体数据信息，并通过回归分析和案例研究，对我国制造业企业服务创新能力建设进行深入分析。

从政策研究角度来看，虽然论文提出增强我国制造业企业服务创新的相关政策建议，但具体操作过程仍然存在较多需要解决的实际问题。例如，服务创新认定较为困难，缺少明确的认定范围和认定方法，因而很难享受政府研发政策、税收优惠和金融政策扶持；我国自主创新产品政府采购目录不公开，对何种类型的服务创新产品通过政府采购方式进行扶持无法进行明确规定；当前缺乏有效手段对服务创新成果进行认定，从而无法采取恰当手段进行知识产权保护；在制造业企业服务创新扶持过程中，如何协调各政府部门之间的关系，确保相关政策快速有效执行，也是有待解决的关键问题。因此，建议尽快组建制造业企业服务创新战略研究组，一方面通过调研摸清我国制造业企业服务创新活动现状；另一方面结合我国具体国情，大力推进制造业企业服务创新活动开展，促进制造业向高附加值产业转变。

参考文献

[1] ALBERTO P. The analysis of dynamic capabilities in a competence–oriented organization [J]. Technovation, 1998, 13: 179–189.

[2] ALLEN C T, ASSOCIATION A M. Marketing theory and applications [M]. Chicago: American Marketing Association, 1992.

[3] AMABILE T, CONTI R, COON H, et al. Assessing the work environment for creativity [J]. The academy of management journal, 1996, 39 (5): 1154–1184.

[4] AMIT R, GLOSTEN L, MULLER E. Challenges to theory development in entrepreneurship research [J]. Journal of management studies, 1993, 30 (5): 815–834.

[5] ANDERSON J, JAIN D, CHINTAGUNTA P. Customer value assessment in business markets: a state–of–practice study [J]. Journal of business to business marketing, 1993, 1 (1): 3–29.

[6] APPIAH–ADU K, SINGH S. Customer orientation and performance: a study of SMEs [J]. Management decision, 1998, 36: 385–394.

[7] ARNDT H. "Market failure" and underdevelopment [J]. World development, 1988, 16 (2): 219–229.

[8] ARTHUR W. Competing technologies, increasing returns, and lock–in by historical events [J]. The economic journal, 1989, 99: 116–131.

[9] ARTHUR W. Positive feedbacks in the economy [J]. The mckinsey quarterly, 1994, 1 (1): 81–95.

[10] ASHEIM B, ISAKSEN A. Regional innovation systems: the integration of local 'sticky' and global 'ubiquitous' knowledge [J]. The journal of

technology transfer, 2002, 27（1）: 77-86.

[11] ATUAHENE-GIMA K. An exploratory analysis of the impact of market orientation on new product performance: a contingency approach [J]. Journal of product innovation management, 1995, 12: 275-293.

[12] AWKE A. The business longitudinal survey [J]. The Australian economic review, 2000, 33（1）: 94-99.

[13] CARLSSON B, JACOBSSON S. In search of useful public policies: key lessons and issues for policy makers [M]. Dordrecht: Kluwer Academic Publishers, 1997.

[14] BAKER P. Study on industrial policy and services[R/OL].[2009-12-30]. https://ec.europa.eu/docsroom/documents/1990/attachments/1/translations/en/renditions/pdf.

[15] BARNEY J. Organizational culture: can it be a source of sustained competitive advantage？ [J]. The academy of management review, 1986, 11（3）: 656-665.

[16] BARNEY J. Strategic factor markets: expectations, luck, and business strategy [J]. Management science, 1986, 32（10）: 1231-1241.

[17] BARRAS R. Interactive innovation in financial and business services: the vanguard of the service revolution [J]. Research policy, 1990, 19（3）: 215-237.

[18] BARRAS R. Towards a theory of innovation in services [J]. Research policy, 1986, 15（4）: 161-173.

[19] BITAR J, SOMERS W. A contingency view of dynamic capabilities[J]. Elsevier, 2004, 16（2）: 1.

[20] BLOCH C, BREHMER P O, CHRISTENSEN J L, et al. Service innovation in the nordic countries: key factors for policy design（final report）[R]. Oslo: University of Aarhus, 2008.

[21] BRANDENBURGER A, STUART H. Value-based business strategy [J]. Journal of economics and management strategy, 1996, 5: 5-24.

[22] BRESCHI S, MALERBA F. Sectoral systems of innovation: technological

regimes，schumpeterian dynamics and spatial boundaries [M]. London：
Pinter，1997

[23] BROWN S，EISENHARDT K. Product development：past research，present
findings，and future directions[J]. The academy of management review，
1995，20：343–378.

[24] BURGELMAN R，MAIDIQUE M A，WHEELWRIGHT S C. Strategic
management of technology and innovation [M]. New York：McGraw–Hill，
2004.

[25] BURNS M. Value in exchange：the consumer perspective [D].Knoxville：
University of Tennessee，1993.

[26] BUTZ H，GOODSTEIN L. Measuring customer value：gaining the strategic
advantage [J]. Organizational dynamics，1996，24（3）：63–77.

[27] CHRISTIAN G. Service management and marketing：managing the moments
of truth in service competition[M]. Lexington：Lexington Books，1990.

[28] CHRISTOPHER F. The economics of industrial innovation [M]. London：
Frances Pinter（Publishers），1982.

[29] COOKE P，GOMEZ URANGA M，ETXEBARRIA G. Regional innovation
systems：institutional and organisational dimensions [J]. Research policy，
1997，26（4–5）：475–491.

[30] COOMBS R，HULL R. Knowledge management practices' and path–
dependency in innovation [J]. Research policy，1998，27（3）：237–253.

[31] COOMBS R，MILES I. Innovation systems in the service economy：
measurement and case study analysis [M]. [S.l.] ：Kluwer Academic
Publishers，2000.

[32] COOPER R. The strategy–performance link in product innovation [J]. R&D
management，1984，14（4）：247–259.

[33] COWAN R，DAVID P，FORAY D. The explicit economics of knowledge
codification and tacitness [J]. Industrial and corporate change，2000，9（2）：
211.

[34] COWAN R，SOETE L，TCHERVONNAYA O. Knowledge transfer and

the services sector in the context of the new economy [M]. [S.l.] : Maastricht Economic Research Institute on Innovation and Technology, 2001.

[35] CUNNINGHAM P. Innovation in services [J]. INNO Policy Trendchart Thematic Report, 2007, 26（4-5）: 537-556.

[36] DARBY M, KARNI E. Free competition and the optimal amount of fraud [J]. The journal of law and economics, 1973, 16（1）: 67.

[37] DAVID P. Clio and the economics of QWERTY [J]. The American economic review, 1985, 75（2）: 332-337.

[38] DAVID P. Understanding the economics of QWERTY: the necessity of history [J]. Economic history and the modern economist, 1986: 30-49.

[39] DAY G. The capabilities of market-driven organizations[J]. The journal of marketing, 1994, 58: 37-52.

[40] DEFINITIONS M. Marketing definitions: a glossary of marketing terms [M]. Chicago: American Marketing Association, 1960.

[41] DEN HERTOG P, SEGERS J. Service innovation policies: a comparative policy study [M]. [S.l.] : Citeseer, 2003.

[42] Department for Business, Enterprise and Regulatory Reform. Supporting innovation in services [EB/OL]. [2021-03-10]. http: //www.berr.gov.uk/ files/file47440.pdf.

[43] DJELLAL F, FRANCOZ D, GALLOUJ C, et al. Revising the definition of research and development in the light of the specificities of services [J]. Science and public policy, 2003, 30（6）: 415-429.

[44] DJELLAL F, GALLOUJ F. Patterns of innovation organisation in service firms: postal survey results and theoretical models [J]. Science and public policy, 2001, 28（1）: 57-67.

[45] DREJER I. Identifying innovation in surveys of services: a schumpeterian perspective [J]. Research policy, 2004, 33（3）: 551-562.

[46] DRUCKER P, STONE N. Peter drucker on the profession of management [M]. New York: Harvard Business Press, 1998.

[47] EBLING, GUNTHER. Panel estimation of export activities in the service

sector, proceedings of the conference innovation and enterprise creation: statistics and indicators [C]. Sophia Antipolis: European Commission, 2000.

[48] EDQUIST C, HOMMEN L, JOHNSON B, et al. The ISE policy statement: the innovation policy implications of the' innovation systems and european integration' (ISE) research project [M]. [S.l.] : C. Edquist, 1998.

[49] EDQUIST C, HOMMEN L, MCKELVEY M. Innovation and employment: process versus product innovation [M]. [S.l.] : Edward Elgar Pub, 2001.

[50] EDQUIST C. Systems of innovation: technologies, institutions, and organizations [M]. [S.l.] : Routledge, 1997.

[51] EISENHARDT K, MARTIN J. Dynamic capabilities: what are they ? [J]. Strategic management journal, 2000, 21: 1105-1121.

[52] ESTAFSEN B. System transfer characteristics: an experimental model for comparative management research [J]. Management international review, 1970, 10 (2-3) : 21-43.

[53] European Commission. European competitiveness report 2006 [R]. [S.l.] : Luxembourg, 2007.

[54] European Commission. The competitiveness of business-related services and their contribution to the performance of european enterprises [C]. Brussels: EU, 2003.

[55] Federal ministry of Education and Research (BMBF). The high-tech strategy for germany 2006[R]. Bonn: Berlin, 2007.

[56] FLOR M, OLTRA M. Identification of innovating firms through technological innovation indicators: an application to the Spanish ceramic tile industry [J]. Research policy, 2004, 33 (2) : 323-336.

[57] FREEMAN C, SOETE L. The economics of industrial innovation [M]. [S.l.] : Routledge, 1997.

[58] FREEMAN C. Technology, policy, and economic performance: lessons from Japan [M]. [S.l.] : Pinter Publishers, 1987.

[59] FURMAN J, PORTER M, STERN S. The determinants of national innovative capacity [J]. Research policy, 2002, 31 (6) : 899-933.

[60] GADREY J, GALLOUJ F, WEINSTEIN O. New modes of innovation [J]. International journal of service industry management, 1995, 6（3）: 4-16.

[61] GALE B, WOOD R. Managing customer value [M]. New York: Free Press, 1994.

[62] GALLOU F. Les formes de l' innovation dans les services de conseil [J]. Revue d' economie industrielle, 1991, 57（1）: 25-45.

[63] GALLOUJ F, WEINSTEIN O. Innovation in services [J]. Research policy, 1997, 26（4-5）: 537-556.

[64] GALLOUJ F. Innovating in reverse: services and the reverse product cycle [J]. European journal of innovation management, 1998, 1: 123-138.

[65] GRUPP H, LEGER H, BREITSCHOPF B. Germany' s technological performance 2001 [R]. Bonn: BMBF, 2002.

[66] GUILE B, QUINN J. Managing innovation: cases from the services industries [M]. Washington, D C: National Academy Press, 1988.

[67] HAMEL G, PRAHALAD C. The core competence of the corporation [J]. Harvard business review, 1990, 68（3）: 79-91.

[68] HAN J, KIM N, SRIVASTAVA R. Market orientation and organizational performance: is innovation a missing link?[J].The journal of marketing, 1998, 62: 30-45.

[69] HENRY H. Review: An inquiry into the nature and causes of the wealth of nations[J]. The economic journal, 1990, 14（56）: 599-603.

[70] HIPP C, GRUPP H. Innovation in the service sector: the demand for service-specific innovation measurement concepts and typologies [J]. Research policy, 2005, 34（4）: 517-535.

[71] HOLLANDERS H. Measuring services innovation: service sector innovation index[C]. Karlsruhe: Six Countries Programme（6CP）Workshop, 2008.

[72] HOLLENSTEIN H. Innovation modes in the Swiss service sector: a cluster analysis based on firm-level data [J]. Research policy, 2003, 32（5）: 845-863.

[73] HOWARD L. Real life challenges: service innovation in manufacturing[C].

Karlsruhe：Six Countries Programme（6CP）Workshop，2008.

[74] IMAI K，NONAKA I，TAKEUCHI H，et al. The uneasy alliance：managing the productivity-technology dilemma [M]. Cambridge：Harvard Business School Press，1985.

[75] INA D. Service innovation：do we know it when we see it？[C]. Karlsruhe：Six Countries Programme（6CP）Workshop，2008.

[76] JAVIDAN M. Core competence：what does it mean in practice?[J]. Long range planning，1998，31（1）：60-71.

[77] JOHNE A. Using market vision to steer innovation[J]. Technovation，1999，19：203-207.

[78] JOHNSON B，GREGERSEN B. Systems of innovation and economic integration [J]. Industry & innovation，1995，2（2）：1-18.

[79] KANERVA M，HOLLANDERS H，ARUNDEL A. Trend chart report：can we measure and compare innovation in services [J]. European trend chart on innovation，2006，21（1）：17.

[80] KATZ R，LUECKE R. Managing creativity and innovation[M]. Boston：Harvard Business School Press，2003.

[81] KLEIN WOOLTHUIS R，LANKHUIZEN M，GILSING V. A system failure framework for innovation policy design [J]. Technovation，2005，25（6）：609-619.

[82] KLINE S J，ROSENBERG N. An overview of innovation [M]// ROSENBERG N. The positive sum strategy：harnessing technology for economic growth. Singapore: World Scientific Publishing Co. Pte. Ltd.，2009：173-203.

[83] KNIGHT K. A descriptive model of the intra-firm innovation process [J]. The journal of business，1967，40（4）：478-496.

[84] KOHLI A，JAWORSKI B，KUMAR A. MARKOR：a measure of market orientation[J]. Journal of marketing research，1993，30：467-477.

[85] KOX H，RUBALCABA L. Analysing the contribution of business services to European economic growth [D]. Bruges：Bruges European economic research papers，2007.

[86] LALL S. Technological capabilities and industrialisation[J]. World development, 1992, 20: 165-186.

[87] LESKIEWICZ S I S K. The impact of market orientation on product innovativeness and business performance[J]. International journal of research in marketing, 2003, 20（4）, 355-376.

[88] LIPPMAN S, RUMELT R P. Uncertain imitability: an analysis of inter-firm difference in efficiency under competition[J]. Bell journal of economics, 1982, 13: 418-438.

[89] LONG C, VICKERS-KOCH M. Using core capabilities to create competitive advantage [J]. Organizational dynamics, 1995, 24（1）: 7-22.

[90] LUCAS R. On the mechanics of economic development[J]. Journal of monetary economics, 1988, 22（1）: 3-42.

[91] LUNDVALL B. National systems of innovation: towards a theory of innovation and interactive learning [M]. London: Pinter, 1992.

[92] MANSFIELD E. Industrial research and technological innovation: an econometric analysis [M]. [S.l.]: RS Means Company, 1968.

[93] MEISENHEIMER J R. The services industries in the 'good' versus 'bad' jobs debate[J]. Monthly labor review, 1998: 22-47.

[94] MENDONCA S, PEREIRA T, GODINHO M. Trademarks as an indicator of innovation and industrial change [J]. Research policy, 2004, 33（9）: 1385-1404.

[95] MICHAEL H M, DONALD F K, JEFFREY G C. Corporate entrepreneurship & innovation（2nd edition）[M]. Mason: Thomson South-Western, 2008.

[96] MICHEAL P. Competitive advantage of nations[M]. [S.l.]: The Free Press, 1990.

[97] MILES I. Innovation in services [M]//FAGERBERG J, MOWERY D C, NELSON R R, et al. The Oxford Handbook of Innovation, Oxford: Oxford University Press, 2005

[98] MILES I. Innovation process, in FAGERBERG J, MOWERY D, NELSON R.

The Oxford handbook of innovation [M]. [S.l.]： Oxford University Press，2005.

[99] MILES I. Services in the new industrial economy [J]. Futures，1993，25（6）：653-672.

[100] MILES R E，SNOW C C. Organizational strategy，structure and process[M]. New York：McGraw-Hill，1978.

[101] MORRIS M，KURATKO D，COVIN J. Corporate entrepreneurship and innovation [M]. [S.l.]： South Western，2008.

[102] MULLER E. Tracking knowledge angels：a research proposal. International journal of services[J]. Technology and management，2008，10（2-4）：343-348.

[103] NELSON R，SIDNEY G. An evolutionary theory of economic change [M]. Cambridge，Mass：Harvard UP，1982.

[104] NELSON R. National innovation systems：a comparative analysis [M]. Cambridge：Oxford University Press，1993.

[105] NICOLAI J. Resources，firms，and strategies：a reader in the resource-based perspective[M]. London：Oxford University Press，1998.

[106] NONAKA I，TAKEUCHI H. The knowledge-creating company：how Japanese companies create the dynamics of innovation[M]. New York：Oxford University Press，1995.

[107] NONAKA I. A dynamic theory of organizational knowledge creation [J]. Organization science，1994，5（1）：14-37.

[108] NORMANN R. Service management：strategy and leadership in service business [M]. Chicester：Wiley，1984.

[109] OECD E. Oslo manual-guidelines for collecting and interpreting innovation data [M]. Luxembourg：EUROSTAT，2005.

[110] OECD. Innovation and knowledge-intensive service activities [M]. [S.l.]： OECD Publishing，2006.

[111] OECD. Promoting innovation in services[M]. Paris：OECD，2005.

[112] PAGE S. An essay on the existence and causes of path dependence [M]. [S.l.]

USA: University of Michigan, 2005.

[113] PAVITT K. Sectoral patterns of technical change: towards a taxonomy and a theory [J]. Research policy, 1984, 13 (6): 343-373.

[114] PAYNE, A F T. The essence of services marketing[M]. New Jersey: Prentice Hall Press, 1993.

[115] PETER F D. Innovation and entrepreneurship[M]. London: Heinemann, 1985.

[116] PHILIP K, THOMAS H, PAUL N BLOOM. Marketing professional services-revised[M]. New Jersey: Prentice Hall Press, 2002.

[117] PORTER M. Competitive advantage: Creating and sustaining superior performance [M].New York: Free Press, 1985.

[118] PORTER M E. What is strategy? [J]. Harvard business review, 1996: 61-78.

[119] REDDING S. Path dependence, endogenous innovation, and growth [J]. International economic review, 2002, 43 (4): 1215-1248.

[120] REGAN W. The service revolution [J]. The journal of marketing, 1963, 27 (3): 57-62.

[121] REPRESENTATIVE U. US national study on trade in services [M]. Washington, DC: US Government Printing Office, 1984.

[122] RICHARD P, RUMELT, THEORY, et al. Handbook of entrepreneurship research [M]. [S.l.]: Springer, 2005.

[123] ROD C, MARK T. Patterns in UK company innovation styles: new evidence from CBI innovation trends survey[J]. Technology analysis and strategic management, 1998, 10 (3): 295-310.

[124] ROMER P. Increasing returns and long-run growth [J]. The journal of political economy, 1986, 94 (5): 1002.

[125] ROSA J. Importance of research and development in the business services sector [J]. Innovation analysis bulletin (statistics Canada), 2004, 6 (2): 11-13.

[126] ROSS L. Book reviews: robert J. barro, determinants of economic growth: a cross-country empirical study[J]. Journal of comparative economics,

1998, 26: 822–824.

[127] ROTHWELL R, ZEGUELD W. Reindustrialisation and technology [M]. New York: Longman, 1985.

[128] RUBALCABA L. Which policy for innovation in services？ [J]. Science and public policy, 2006, 33（10）: 745–756.

[129] RUMELT R. Towards a strategic theory of the firm [M]//Org z. Resources, firms, and strategies: a reader in the resource-based perspective, Oup Catalogue, 1997: 131–145.

[130] SCHENDEL D, HOFER C. Strategic management: a new view of business policy and planning[M]. Boston: Little Brown and Company, 1978.

[131] SCHMOCH U. Service marks as novel innovation indicator [J]. Research evaluation, 2003, 12（2）: 149–156.

[132] SCHUMPETER J A. The theory of economic development: an inquiry into profits, capital, credit, interest, and the business cycle[M]. New York: Oxford University Press, 1961.

[133] SHARMA B, FISHER T. Functional strategies and competitiveness: an empirical analysis using data from Australian manufacturing [J]. Benchmarking for quality management and technology, 1997, 4: 286–294.

[134] SLYWOTZKY A. Value migration: how to think several moves ahead of the competition [M]. Massachusetts: Harvard Business School Press, 1996.

[135] SMITH K. Innovation as a systemic phenomenon: rethinking the role of policy [J]. Enterprise and innovation management studies, 2000, 1（1）: 73–102.

[136] SOETE L, MIOZZO M. Trade and development in services: a technological perspective [report for VNCTAD] [J]. Africa Keport, 1989（9）: 26.

[137] SRIVASTAVA R, FAHEY L, CHRISTENSEN H . The resource-based view and marketing: the role of market-based assets in gaining competitive advantage. Journal of Management [J]. Journal of management, 2001, 27（6）: 777–802.

[138] STEVENSON H, JARILLO J. A paradigm of entrepreneurship:

entrepreneurial management [J]. Strategic management journal, 1990, 11（5）: 17-27.

[139] STIGLITZ J. Markets, market failures, and development [J]. The American economic review, 1989, 79（2）: 197-203.

[140] SUNDBO J, GALLOUJ F. Innovation systems in the service economy[M]. Boston: Kluwer Academic Publishers, 2000.

[141] SUNDBO J. Innovative networks, technological and public knowledge support systems in services [M]. Business Annals Department of Social Sciences Roskilde: Roskilde University, 1994.

[142] SUNDBO J. Management of innovation in services [J]. The service industries journal, 1997, 17（3）: 432-455.

[143] TEECE D, PISANO G, SHUEN A. Dynamic capabilities and strategic management [J]. Strategic management journal, 1997, 18（7）: 509-533.

[144] TETHER B, HOWELLS J, BESSANT J, et al. Innovation in services [J]. DTI occasional paper, 1997, 26（4-5）: 537-556.

[145] TETHER B, SMITH I, THWAITES A. Smaller enterprises and innovation in the UK: the SPRU Innovations Database revisited [J]. Research policy, 1997, 26（1）: 19-32.

[146] TETHER B. Identifying innovation, innovators and innovative behaviours: a critical assessment of the Community Innovation Survey（CIS）[M]. Manchester（Vnited kingdom）: Centre for Research on Innovation and Competition, 2001.

[147] Tether, Bruce S. Do services innovate（differently）? [J]. CRIC discussion Paper No. 66, Centre for Research on Innovation and Competition, The University of Manchester, 2005, 12（2）: 153-184.

[148] TIDD J, HULL F. Service Innovation: Organizational responses to technological opportunities & market imperatives [M]. London: Imperial College Pr, 2003.

[149] ULRICH K T, EPPINGER S D. Product design and development [M]. London: McGraw-Hill, 2003.

[150] UTTERBACK J, ABERNATHY W. A dynamic model of process and product innovation [J]. Omega, 1975, 3（6）: 639–656.

[151] UTTERBACK J. Innovation in industry and the diffusion of technology [J]. Science, 1974, 183（4125）: 620.

[152] UTTERBACK J. The process of technological innovation within the firm [J]. The academy of management journal, 1971, 14（1）: 75–88.

[153] VALENDUC F. Innovation in services: a set of criteria to compare innovation support policies [J]. International journal of services technology and management, 2002, 3（3）: 249–262.

[154] VAN ARK B, BROERSMA L, DEN HERTOG P. Services innovation, performance and policy: a review [J]. Strategy, research & international co operation department, 2003: 1–95.

[155] VAN DER AA W, ELFRING T. Realizing innovation in services [J]. Scandinavian journal of management, 2002, 18（2）: 155–171.

[156] VANDERHAAR J, KEMP R, OMTA O. Creating value that cannot be copied [J]. Industrial marketing management, 2001, 30（8）: 627–636.

[157] VANDERMERWE S, RADA J. Servitization of business: adding value by adding services [J]. European management journal, 1988, 6（4）: 314–324.

[158] VENERIS, YANNIS. Modeling the transition from the Industrial to the Informational Revolution[J]. Environment and planning, 1990, 22（3）: 399–416.

[159] WEISSENBERGER-EIBL M, KOCH D. Importance of industrial services and service innovations [J]. Journal of management & organization, 2007, 13（2）: 88–101.

[160] WERNERFELT B. A resource-based view of the firm [J]. Strategic management journal, 1984, 5（2）: 171–180.

[161] WINTER S. Knowledge and competence as strategic assets [M]//KLEIN D. The strategic management of intellectual capital. Philadelphia: Bollinger, 1998: 165–187.

[162] WOODRUFF R. Customer value: the next source for competitive advantage [J]. Journal of the academy of marketing science, 1997, 25（2）: 139–153.

[163] YOUNG A. Measuring R&D in the services [R]. Paris: OECD Science, Technology and Industry Working Papers, 1996

[164] ZAGLER M. Services, innovation and the new economy [J]. Structural change and economic dynamics, 2002, 13（3）: 337–356.

[165] ZAHRA S. Corporate entrepreneurship and financial performance: the case of management leveraged buyouts [J]. Journal of business venturing, 1995, 10（3）: 225–247.

[166] ZEITHAML V. Consumer perceptions of price, quality, and value: a means-end model and synthesis of evidence [J]. The journal of marketing, 1988, 52（3）: 2–22.

[167] ZEITHAML V A, BITNER M J. Services marketing: integrating customer focus across the firm[M]. New York: McGraw Hill, 1996.

[168] ZOLLO M, WINTER S. Deliberate learning and the evolution of dynamic capabilities [J]. Organization Science, 2002, 13（3）: 339–351.

[169] 菲利普.营销管理:分析、计划、执行和控制 [M]. 9 版.梅汝和,梅清豪,张析,译.上海:上海人民出版社,1999.

[170] 傅家骥.技术创新学 [M].北京:清华大学出版社,1999.

[171] 高鸿业.西方经济学（上下）[M].北京:中国经济出版社,1996.

[172] 郭斌.基于核心能力的企业竞争优势理论 [M].北京:科学出版社,2003.

[173] 黄少军.服务业与经济增长 [M].北京:经济科学出版社,2000.

[174] 刘继国,赵一婷.制造业中间投入服务化趋势分析:基于 OECD 中 9 个国家的宏观实证 [J].当代经济管理,2006（9）: 9–12.

[175] 刘书瀚.发达国家服务创新政策的演变及其启示 [J].学术月刊,2008, 4: 793–797.

[176] 刘顺忠,景丽芳,荣丽敏.知识密集型服务业创新政策研究 [J].科学学研究,2007, 25（4）: 793–797.

[177] 乔为国.商业模式创新 [M].上海:上海世纪出版股份有限公司远东出版

社，2009.

[178] 宋承先. 现代西方经济学 [M]. 上海：复旦大学出版社，1994.

[179] 宋河发. 面向自主创新能力建设的高技术产业知识产权战略研究 [D]. 北京：中国科学院研究生院博士学位论文，2007.

[180] 熊焰，李阳. 促进我国服务创新发展政策研究 [J]. 科技管理研究，2008，28（8）：25-27.

[181] 杨名. 服务创新及其对服务经济增长的作用分析 [D]. 大连：大连理工大学博士论文，2008.

[182] 张宇，孟捷，卢荻. 高级政治经济学 [M]. 北京：经济科学出版社，2002.

[183] 中共中央马克思恩格斯列宁斯大林著作编译局. 马克思恩格斯全集（26卷）第1分册 [M]. 北京：人民出版社，1979.